디지털생활자

# 디지털생활자

이상직 지음 · 이소연 그림

인공지능 시대  모두를 위한 사유

# 디지털생활자

**1쇄 발행** 2024년 3월 20일

**지은이** 이상직
**그림** 이소연
**펴낸이** 조일동
**펴낸곳** 드레북스

**출판등록** 제312-2013-000012호
**주소** 경기도 파주시 탄현면 헤이리마을길 93-144, 2층 1호
**전화** 031-944-0554
**팩스** 031-944-0552
**이메일** drebooks@naver.com

**인쇄** 프린탑
**배본** 최강물류

ISBN 979-11-986122-7-4 03300

공상과학으로 시작해보자. 태양계를 넘어 멀고 먼 곳에 외계 행성이 있다. 일찌감치 과학기술을 발전시켜 고도의 문명을 꽃피웠다. 자신감이 넘쳤을까? 탐욕을 절제하지 못하고 과학기술을 남용한 결과는 지진해일, 기상이변, 대기오염, 자연생태계 파괴로 이어졌다. 깨달음은 항상 늦는 것인가? 눈앞의 재앙을 막으려 노력했으나 더는 생명체가 살 수 없는 지경에 이르렀다. 결국 다른 행성으로 이주할 것을 결정하고 우주 각 지역에 급히 탐사선을 보냈다.

스티븐 호킹의 불길한 예언이 적중했을까? 그들은 우리가 태양계 행성과 성간 우주 탐사를 위해 보낸 보이저호를 찾아냈다. 우주탐사선 보이저호에는 외계인을 만날 것에 대비해 지구 위치와 역사, 주요 장소 사진, 생명체 정보를 담은 비디오, 레코드판이 들어 있었다. 보이저호의 정보를 확인한 그들은 자신들의 미래가 지구에 있다고 확신했다. 곧장 지구로 날아와 심층 탐사와 분석을 했고, 그 결과를 보고서에 담아 외계행성 본부에 보냈다.

"지구 생명체는 옷이라는 이름의 화학물질을 몸에 걸치고 있다. 머리를 제외하고 얼굴과 몸 전체에 탈모가 생긴 것을 숨기려는 의도로 보인다. 세균 또는 바이러스 감염이 강력히 의심된다. 아침이면 거대하고 각진 콘크리트 건물에서 나온다. 흙이라고는 전혀 없는 딱딱한 아스팔트 또는 시멘트 블록 위를 걷는다. 바퀴가 달린 자그마한 상자에 들어가 이동하거나 계단을 통해 땅속으로 내려간다. 밤이 되면 그곳에서 나와 다시 콘크리트 건물로 돌아간다. 콘크리트, 아스팔트에서는 아무것도 자라지 않는데, 대기오염이 원인으로 추측된다. 모두 스마트폰이라는 기기를 자나깨나 들여다보고 있다. 그 안에 사람과 글자를 가둬두고 학대하면서 즐기고 있다. 결론적으로 이곳의 자연환경은 우리가 살 수 없을 정도로 척박하다. 지구 생명체는 심각한 정신질환과 세균 감염 상태다. 타인을 속이고 괴롭힘을 일삼는다. 그들을 교화하기는 불가능에 가깝고, 더 이상의 접촉은 우리 종족에게 상상할 수 없는 위험과 파괴를 가져올 것이다. 한시라도 머물러서는 안 된다. 당장 복귀하겠다."

우리는 잘살고 있는가? 외계의 누군가가 보더라도 떳떳하고 행복하다고 할 수 있는가? 이 질문에 당연히 그렇다고 답변하기는 쉽지 않다.

옛날 지구에는 수많은 생명체가 약육강식의 치열한 삶을 살고 있었다. 우리 인간은 살아남기 위해 가장 강한 생명체가 되어야 했다. 그런데 상식적으로 생각해보자. 인간은 왜 사자처럼 강력한 근육을 가지려고 노력하지 않았을까? 왜 표범처럼 빨리 달릴 생각을 하지 못했을까? 왜 악어처럼 단단한 이빨과 등가죽을 갖지 못했을까? 자신이 없어 포기한 걸까? 우리 조상들은 그들과 방향을 달리했다. 두 발로 걷는 직립보행을 선택했고 손에 도구를 잡았다. 손도끼 등 도구는 시간이 갈수록 더욱 정교해졌고, 증기기관 같은 기계로 대체되었다. 지금은 인공지능(AI)을 탑재한 기기와 정보통신망을 연결해 디지털 세상을 열고 있다.

　디지털은 오프라인의 물질적 특성을 이진법에 따라 0과 1의 각종 조합으로 변환해 처리하는 과정과 결과를 말한다. 컴퓨터와 정보통신망을 통해 다양한 형태의 정보로 생산, 유통, 제공한다. 예를 들어보자. 사랑하는 사람의 얼굴은 만질 수 있다. 사랑하는 사람의 얼굴을 카메라로 촬영하고 필름을 인화하면 종이 형태의 사진을 얻는다. 이것이 아날로그다. 이 사진을 스캔해 파일로 만들어 보관할 수 있다. 스마트폰 카메라를 이용하면 필름 인화 과정을 거치지 않고 촬영만으로 파일 형태의 사진을 얻는다. 이 사진을 휴대전화에 저장, 보관할 수 있고 컴퓨터 네트워크로 가족의 휴대전화, PC로 복제하거나 전달할 수 있다. 이것이 디지털이다.

　우리는 시공간의 제약 없이 정보통신망과 컴퓨터 접속만으로 디지털 공간에서 쇼핑하고, 기업, 금융 등 사업과 상거래를 하고, 정보를 검색하고, 게임을 하고, 사람을 만난다. 오프라인에서만 살던 인간은 디지털이라는 또 다른 영토를 찾아 분주하게 이주하고 있다. 디지털의 발명은 기존에 없던 시공간을 새로 만들어 인간의 삶을 근본적으로 바꿔 가치를 더한다. 가히 디지털 혁명이라고 불러도 부끄럽지 않다. 디지털은 생성형 AI 등 AI 기술을 만나 더욱 심화되고 있다. AI는 디지털 시대의 불쏘시개로서 디지털 혁명을 성공시킬 주역이라고 해도 과언이 아니다.

　아담과 이브는 하나님의 말씀을 어기고 뱀의 유혹에 빠져 선악과를 먹었다. 하나님의 벌을 받아 에덴동산에서 쫓겨나 험난한 인간의 역사를 써야 했다. AI가 주도하는 디지털 시대도 마찬가지다. 디지털 세상에서는 편리한 삶을 살 수 있다. 새로운 정치, 경제, 사회, 문화와 산업의 발전사를 쓸 수 있다. 그러나 좋은 일만 있지는 않을 것이다. AI 기술을 악용해 전쟁을 일으키고, 인간의 생명과 신체를 해치고, 범죄에 악용하고, 산업과 시장을 교란하고, 자유와 권리 등 인간의 존엄을 해칠 수 있다. 법과 윤리로 단단히 무장하고 디지털 시대를 개척해야 하는 이유가 여기에 있다.

이 책은 AI와 디지털 세상에 대한 정교한 기술적·사업적 접근이나 장밋빛 미래를 보여주기 위한 것이 아니다. AI가 만들 디지털 세상을 풍요롭고 아름답게 가꾸기 위해 우리가 챙겨야 할 것은 무엇이고 놓치는 것이 없는지 논의하기 위해서다. AI가 중심이 되는 디지털 시대에 기술과 인간, 국가와 정치, 사회와 문화, 산업과 경제가 어떤 가치를 갖고 어떻게 창조되고 어떻게 지켜나가야 하는지 이 책을 통해 고민하고 대안을 찾고자 한다.

《전자신문》, 《법률신문》, 《파이낸셜포스트》, 《동아일보》, 《인공지능신문》 등 언론사 칼럼 기고의 생각과 경험을 바탕으로 하고 있는 이 책은 AI로 꽃을 피우려는 디지털 시대에 어떤 삶을 살지, 어떻게 혁신하고 공존할지 개인적인 의견을 담고 있고, 여러분과 함께 올바른 답을 찾고 싶다. 이 책이 AI로 대표되는 과학기술과 인간의 삶을 이어주는 작지만 견고한 돌다리가 되기를 기대한다. 마지막으로 출판을 흔쾌히 허락해주고 책의 완성도를 높이기 위해 많은 조언을 아끼지 않은 드레북스에 감사의 마음을 전한다.

차 _____ 례

# 1장

# 디지털생활자가 된다는 것

# 디지털 생활의
# 불쏘시개

인간의 역사는 더 나은 도구를 발명하는 과정이다. 원숭이는 돌을 던져 먹이를 잡지만 그 돌을 다시 가져오지 않는다. 그러나 원시 인간은 던진 돌을 다시 가져와 다음 사냥에 사용했다. 우리는 의식적 또는 무의식적으로 신체기관을 복제하는 쪽으로 도구와 기계를 만들어 이용했다. 손톱과 이를 본떠 돌끌이나 돌칼을 만들고 팔과 주먹을 본떠 돌도끼, 돌망치를 만들었다. 렌즈와 돋보기는 시각기관인 눈의 수정체를 복제한 것이다. 통신망은 우리 몸의 뇌, 척수와 근육 사이를 오가는 신경망을 본떠 만든 구조로서 정보전달에 봉사한다.

도구의 거듭된 발전은 그 동력원으로 인간의 힘을 줄이고 동물, 물, 바람 등의 자연력 이용을 높인다. 인간의 역할은 기계의 전원을 켜고 끄는 것에 그치고 나머지 기능을 기계가 전담하는 시대가 된다. AI는 인간의 복잡한 뇌를 외부세계에 투사해 복제한다. 기계는 아무리 완성되어도 인간의 손에 매달리고, 거기서 벗어나면 기계이기를 멈춘다. 그러나 AI는 알고리즘으로 인간이 예측할 수 없는 결과를 만든다.

산업화 시대에는 품질 좋은 상품을 많이 생산하는 것이 중요했다. 모든 것이 부족하던 시절의 미덕이었다. 이후 풍족하게 소비할 수 있는 시대가 왔고, 성장 페달을 밟은 기업은 멈출 수 없었다. 생산을 계속해 재고가 많아졌고 기업의 인력도 남아돌았다. 재고를 없애기 위한 허위·과장 광고, 판매 강제 및 해고가 고객과 직원을 괴롭혔고, 이는 공정거래법 등 법령에 따라 처벌되었다. 정보화시대에는 데이터와 AI를 이용해 고객이 원하는 상품을 정확히 찾아냈고, 고객이 원하는 시간, 장소와 방법으로 공급했다. 고객조차 모르는 수요를 분석해 맞춤형 상품을 제공하기에 이르렀다.

기업의 관심은 더는 사지 않는 고객에게 무엇을 어떻게 더 팔 수 있을지로 옮겨갔다. 부족한 것이 없는 상류계층에는 하류계층과 다르다는 점을 소비하라고 부추긴다. 좋은 학군을 가지는 고급주택, 고가의 그림 등 예술작품, 초고가 스포츠카 등으로 그들만의 문화를 만들라고 소리 높인다. 하류계층에는 상류계층을 좇아야 한다며 추격형 소비를 부추긴다. 명품가방 하나라도 사라고 한다. 백화점 주변에 줄을 선 채 밤을 새우는 젊은이를 자주 보는 이유다.

TV를 뛰쳐나온 광고는 인터넷, 모바일, SNS를 드나들며 고객의 마음을 파고든다. 과거 TV 같은 전자제품은 기능을 중심으로 화면이 선명하고 전기 소비가 적다고 광고했지만, 지금은 유명 예술가의 손길을 거친 디자인이라고 한다. 가격은 아무나 살 수 없을 만큼 비싸더라도 가진다면 상류층이 되는 듯 광고한다. 바야흐로 소비 사회가 도래했다.

여기에 그치지 않았다. 프랑스 철학자 장 보드리야르는 시뮬라시옹과 시뮬라크르라는 개념을 이용해 소비의 새로운 지평을 말한다. 시뮬라시옹은 현실에 실제 있는 사물을 그대로 베낀 이미지 또는 기호가 현실을 대체하는 현상이다. 그런데 실제의 사물이 없어지면 베낀 이미지가 더 진짜 같은 역할을 한다. 이것이 시뮬라크르다. 시뮬라시옹의 결과로 현실에서는 없거나 없어지는 사물이지만 가상세계에 만들어 놓은 것이다.

디즈니 만화 주인공 미키마우스는 혐오스러운 쥐를 모델로 했지만 더는 쥐가 아니다. 사람처럼 말하고 행동한다. 아이들은 쥐를 무서워해도 미키마우스는 전혀 무서워하지 않는다. 미키마우스가 등장하는 영화와 그 캐릭터를 새긴 액세서리, 장난감, 디즈니랜드에 돈을 쓴다. SNS 또는 모바일 메신저를 이용할 때 감정을 표현하기 위해 이모티콘을 쓴다. 좋아요, 싫어요, 슬퍼요 등의 감정을 표현한 기호들로 실제 공간에 없는 것이다. 온라인게임 아이템도 마찬가지다.

온라인게임에서 유리한 고지를 점령하려면 칼, 창, 방패나 다양한 마법의 아이템이 필요하다. 게임으로 획득하려면 많이 노력해야 하므로 돈을 내고 구입한다. 실제 공간에 없는 것이지만 온라인게임에서 유용하게 쓰인다. 메타버스에서 아바타에게 입힐 옷과 액세서리를 사며, 고가에 팔리는 디지털 자산의 NFT도 다르지 않다. 현실에서는 쓸 수 없는 것이다.

모방된 이미지와 꾸며지는 이미지가 세상을 다스린다. 실제 존재하는 것, 원본과의 연관성을 끊고 원본보다 큰 가치를 가지는 것이 늘고 있다. 이것들은 현실에 없는 것이고, 시장에서 상품과 서비스로 작동할 수 있도록 기술로 구현하기 위해 등장한 것이 AI다.

# 왜 지금
# 생성형 AI인가

조선총독부가 있을 때
청계천변 10전 균일상(均一床) 밥집 문턱엔

거지 소녀가 거지 장님 어버이를
이끌고 와 서 있었다

주인 영감이 소리를 질렀으나
태연하였다

어린 소녀는 어버이의 생일이라고
10전짜리 두 개를 보였다

1977년 《시인학교》에 등재된 김종삼의 시 〈장편(掌篇) 2〉는 손바

닥만한 크기의 이야기를 담는다는 뜻으로 붙인 제목이다.

배경은 일제강점기다. 일본제국주의의 경제 수탈이 심해 모두가 힘든 시기였다. 거지 소녀는 일본제국주의가 찔끔 허용해준 경제생태계에도 감히 끼지 못했을 것이 뻔하다. 누군가의 심부름하거나 온종일 구걸하며 가까스로 삶을 이어갔으리라. 그녀에게는 앞을 보지 못하는 아버지가 있다. 아무리 철없는 나이라고 하지만 세상과 시대에 이리저리 채였을 어린 소녀가 오늘은 웬일인지 당당하다. 주인 영감이 내쫓아도 꿈쩍하지 않는다.

그날은 눈먼 아버지의 생일일 뿐만 아니라 거지 소녀도 주인공이다. 오늘만은 밥값을 낼 능력이 있다. 국밥을 누가 어떤 방식으로 만드는지 알 필요가 없으며, 그전까지 그 집 앞에서 구걸했더라도 상관없다. 오늘 10전짜리 두 개를 가지고 있는 한 그녀는 다른 손님처럼 국밥 2인분을 요구하고 아버지와 즐길 수 있다. 그것은 소비자로서 그녀의 권리다. 생성형 AI가 세계를 강타하고 있다. 우리는 생성형 AI가 어떻게 만들어졌고 어떻게 작동하는지 세세하게 알지는 못한다. 그러나 일제강점기에 당당했던 그녀처럼 우리도 주눅이 들 필요가 없다.

왜 지금 생성형 AI(인공지능)일까? 그 어느 때보다 불확실성이 높은 시대로, 기업들은 비용 절감 등 허리띠를 졸라매고 있다. 미래를 위해 연구개발을 열심히 할 수는 있어도 신규 서비스 출시 등 모험을 할 때가 아니다. 전 세계를 삶의 고통으로 내몰았던 코로나 팬데믹이 지나갔지만, 정부의 재난지원금 등 시장에 공급된 유동성으로 인해 물가 상승 등 인플레이션 우려가 컸다. 이에 따라 미국이 선제적으로 금리인상을 단행했다. 시장에서 현금 유동성이 줄어들자 부동산 등 현물시장이 위축되고 경제성장이 멈추었고, 인터넷과 가상자산, 메타버스, 모빌리티 등 산업 대부분이 추진동력을 잃었다.

새로운 산업과 시장은 불필요한 소비를 필요한 소비로 만드는 과정을 거쳐 세상을 움직인다. 그런데 소비가 위축되자 신산업이 가장 먼저 타격을 받았다. 2023년 1월 미국 국제전자제품박람회(CES), 2월 스페인 세계이동통신전시회(MWC)에서도 AI, 모빌리티 등 기존 논의를 확대했을 뿐 크게 달라지지 않았다. 그런데 2023년 3월 14일 발표된 오픈AI사의 챗GPT-4는 남달랐다. 입력란에 질문을 입력하면 답변을 생성해 보여주는데, 깜짝 놀랄 수준의 정확도를 보였으며, 지속적으로 업데이트 버전을 출시하고 있다.

글로벌 컨설팅업체와 대학 연구소는 때를 기다린 듯 관련 보고서를 내며 생성형 AI가 근로자에게 초능력을 부여한다, 생산성을 100배 또는 200배 향상한다, 향후 10년간 9,200조 원의 시장을 창출한다는 등 근거가 무엇인지 궁금한 장밋빛 전망을 쏟아냈고, 모든 관심이 집중되었다. 우리 정부와 기업은 생성형 AI 모델 개발과 활용을 독려하는 정책과 사업전략을 발표하고, 생성형 AI를 어떻게 행정과 사업에 반영할지 고민하고 있다.

다시 묻는다. 왜 하필 지금 생성형 AI일까?

첫째, 오픈AI의 챗GPT 마케팅 전략이다. 메타버스와 모빌리티 등 다른 모든 산업이 현금 유동성과 수요 부족으로 위축된 상태였다. 오직 챗GPT만 기술적 완성도를 높여 상용화가 가능한 형태로 발표했고 결과는 '대히트'였다. 오픈AI의 기업가치와 예상 매출은 천정부지로 오르고 있다. 뚜렷한 경쟁 상품이 없는 시장에서 홀로 올라선 독무대였기에 큰 관심을 끌 수 있는 측면도 있었다.

챗GPT의 수준을 보고 전 세계 교수들과 연구자, 언론이 앞을 다퉈 찬양 일색의 강연과 보도에 나섰다. 그들은 오픈AI가 돈 한 푼 들이지 않은 광고판이었다. 정부는 오픈 AI 창업자를 초청해 분위기를 더욱 고조시켰다. 챗GPT의 출시 전략은 기가 막힐 정도로 노련했고 홍보 전략은 세련되었다. 컨설팅업체 등과 연계해 치밀한 전략 수립 과정이 있으리라 보인다.

둘째, 미국의 글로벌경제 전략과도 일치한다. 그 속에는 미국의 절박함이 담겨 있다. 미국은 미·소 냉전시대에 자본주의 국가 그룹을 이끌면서 경제전쟁에서 승리했다. 소련은 강력한 국방 기술을 가지고 있으면서도 폐쇄적인 경제 시스템으로 인해 국방 기술을 경제 기술로 전환하는 데 실패했다. 미국은 소련이 붕괴된 후 유일무이한 최강국이 되어 세계 경제를 견인했지만, 그 시장조차 포화하고 인건비를 비롯한 비용이 증가하면서 경제성장에 부담이 되어 미국은 전략을 바꾸었다. 반도체 등 주요 미래산업의 기획, 설계는 자신이 맡고 제조, 유통 부문을 중국, 인도 등 외국에 이관하는 것이었다. 결과는 대성공으로, 미국과 세계의 동반성장을 가능하게 했다.

그런데 변수가 발생했다. 중국에서 인건비 등 비용이 증가하기 시작했고, 중국은 미국의 자리까지 노리기 시작한 것이다. 중국은 반도체 등 첨단산업의 기획, 설계 부문까지 맡을 수 있을 정도로 기술 성장을 이루었다. 미국을 경쟁자로 보기 시작한 것이다. 깜짝 놀란 미국의 선택은 무엇이었을까? 미국의 국가안보를 지키고 미국 주도의 첨단산업 시스템을 유지하기 위해 중국에 경제전쟁을 선포했다. 미·중 갈등이 시작된 것이다. 이런 상황에서 생성형 AI는 미국이 중국을 견제하고 세계 경제를 미국 주도로 이끌 수 있는 또 하나의 기회를 주고 있다.

셋째, 생성형 AI는 기업의 비용을 절감할 수 있게 한다. 생성형 AI의 출현은 기존 기업 문화를 바꿀 수 있는 환경을 제공한다. 기업들은 속으로 만세를 부르고 있다. 생성형 AI의 활용 방안은 놀랍다. 챗GPT 기능을 외부 고객에게 제공하면 그 고객이 챗GPT를 이용해 새로운 서비스를 창출할 수 있다. 문서, 파워포인트, 도표 작성을 지원함으로써 고객의 업무 생산성을 높일 수 있다. 외부 기업의 다양한 서비스를 챗GPT 플랫폼 안으로 가져와 연결하면 고객의 요구를 더욱 만족하는 답변이 나온다. 검색을 넘어 소설, 시, 그림, 영상, 과제, 업무용 자료 작성 등 다양한 형태의 창작 결과를 보여준다. 많은 기업들이 챗GPT 등 생성형 AI를 자신의 사업에 활용하는 노력을 기울이고 있다.

그러나 아직은 장밋빛 전망만 무성할 뿐 눈에 띄는 성과는 보이지 않는데 왜 이처럼 열광할까? 경제침체기에 생성형 AI가 관심을 끌 수 있는 실질적인 이유가 있다. 생성형 AI 등 인공지능이 신사업에 대한 기대를 높이는 것을 넘어 기업의 비용을 줄여줄 수 있다. 원래 경제침체기에는 투자를 미루고 비용을 줄여 실적을 지키려 한다. 전산 인력을 재조정하고 AI 기술에 밝지 못한 직원은 도태된다.

프랜차이즈 식당을 다녀온 경험이 있다면 쉽게 이해할 것이다. 언제부터인가 주문은 키오스크를 이용해야 한다. 처음에는 힘들지만 익숙해지면 종업원을 대면할 필요가 없고 오히려 편리하다. 일반 식당도 마찬가지다. 식탁에는 패드 형태의 기기에 메뉴가 나오고, 그 자리에서 주문하고 결제까지 할 수 있다. 금융기관은 어떤가? 영업소를 줄이고 있다. 콜센터를 이용할 수밖에 없는데, 최근에는 직원과 연결하기도 쉽지 않다. ARS, 챗봇, AI 상담이 콜센터 직원을 대체하고 있다. 많은 직장인이 일자리를 잃고 있고, 젊은 세대는 일자리를 찾지 못하고 있다. '빅마우스' 교수와 연구자, 언론은 그것이 대세라고 거듭 말하고, 사람들은 체념한다. 생성형 AI는 비용을 줄일 수 있는 핵심 수단이라는 점에서도 기업은 아쉬울 것이 없다.

넷째, 생성형 AI의 출현은 소비자 인식에도 영향을 주고 있다. AI를 통한 자동화 등 새로운 분위기를 대세로 받아들이고 있다. 생성형 AI를 이용해 검색하거나 그림을 그리거나 업무에 활용하지 않으면 시대에 뒤떨어지는 사람으로 읽힌다. 소비자들이 AI 경험을 높이는 속도를 빠르게 한다. 생성형 AI가 AI 경험을 진작해 AI 상품과 서비스 소비를 촉진하는 역할을 하고 있다. 미래 소비자로서의 훈련을 미리 하게 하는 것이다.

생성형 AI가 경제침체기에 우리 곁에 나타난 이유가 조금씩 드러나고 있다. 생성형 AI가 가져오는 미래에 우리도 적극적으로 참여해야 한다. 새로운 기업을 일구고 산업을 만들어가야 한다. 그 안에서 우리는 생성형 AI 등 기술이 어떻게 작동하는지 알 수 없지만, 그 기술생태계에서 벗어날 수 없는 일부가 되고 있다. 그로 인한 기술적 소외감과 무력감도 커지고 있다. 이런 때일수록 우리는 생성형

AI 경제의 소비자로서 주체라는 사실을 각성해야 한다. 소비자가 없으면 생성형 AI든 무엇이든 존재할 수 없다. 소비자로서의 목소리를 내고 당당하게 권리를 찾아야 한다. 생성형 AI의 작동과 위험 요소 등 필요한 사항을 당당하게 묻고 요구할 수 있어야 한다. 그것이 생성형 AI 시대를 허용하면서 우리를 지켜내는 법과 윤리다.

　일제강점기 국밥집 앞에서 당당하게 요구하던 거지 소녀의 당당함은 21세기를 사는 우리가 갖추어야 할 디지털 시대의 덕목이다.

# AI,
# 낙관과 두려움
# 사이에서

현재 AI 고유의 응용력을 획기적으로 높여 인간에 가까운 범용 AI 개발에 성큼 다가섰다. 풍요로운 미래를 위해 상용화를 서둘러야 한다는 쪽과 안전을 위협할 위험이 크므로 점검과 예방이 우선이라는 의견이 충돌한다.

인류의 발전 역사를 살펴보자. 인간은 동물의 뼈와 근육을 강화하는 것을 포기했다. 발견과 발명을 기술로 정제해 자연을 개발, 이용하는 방향을 택했다. 손을 모방해 도끼, 농기구 등 도구와 기계를 만들었다. 혈액, 신경망을 모방해 증기기관, 교통망, 컴퓨터와 정보통신 시스템을 만들었다. 홍수와 화재는 재난이지만, 위험을 통제하면 물과 불이 되어 삶에 도움을 주었다. 도구와 기계도 제작, 사용 과정에서 위험할 수 있지만 통제 기술을 키워 삶에 이용했다. 정보통신 시스템도 마찬가지다. 개인정보 유출과 해킹을 허용하면서 수용한 것이 아니다. 공동체가 감내할 수 있는 수준으로 통제할 수 있기에 첨단산업으로 발전시켰다.

AI는 어떨까? 상상을 초월하는 높은 품질과 수준의 다양한 결과물을 만드는 것이 궁극적인 목적이다. 인간의 신체 중 정신활동을 외부에 확장한 기술이다. 도구와 기계 등 물질은 매뉴얼대로 움직이기에 인간이 충분히 통제할 수 있다. 그러나 인간의 자유로운 정신활동을 모방 또는 대체하는 AI가 도구, 기계처럼 통제될 수 있을까? 그 불안이 AI 공포로 이어졌다.

도끼는 용도와 목적이 제한적이다. 나무 등을 토막 내거나 사냥하는 데 쓰인다. 만드는 사람에 따라 완성도가 다르다. 조잡한 도끼에 만족하는가 하면 멋있는 도끼를 만들어 놓고도 실망한다. 도끼는 제작되면 그것으로 완성이다. 제작 과정은 장인이 지배하고, 완성도는 장인의 직관에 의존한다. 어떤 쇠와 나무를 재료로 쓰는지 중요하지만, 장인의 기술이 핵심이므로 노동 의존성이 높다. 위험은 무엇일까? 범죄나 전쟁 무기로 사용될 수 있지만 피해 범위는 상대적으로 넓지 않고 통제하기 쉽다.

그에 비해 현대 기술은 어떤가? 스마트폰은 업무, 검색, 오락, 사교, 창작 등 다양한 용도로 사용한다. 모든 사람이 접속해서 항상 이용하고 어디서나 쓸 수 있다. 정보통신망, 소프트웨어, 하드웨어, 단말 등이 연결되고 다양한 사업자가 만나 운용 시스템을 만든다. 합리성을 추구하고, 정확한 계산과 과학적인 방법을 생산, 운영에 적용한다. 오류와 하자, 불편, 불필요한 것을 지속적으로 제거하면서 효율성을 추구하고, 투입 대비 산출 크기와 목적 달성 효과를 따진다. 노동도 합리성, 효율성 측면에서 기계보다 못하면 대체된다.

현대 기술 그 자체가 자율성을 가지는 유기체처럼 운용 및 이용 체계를 가지고 다른 시스템과 이합집산을 하면서 확장해나간다. 시장에 출시된 후에도 산업, 시장, 고객의 피드백을 받아 성장을 거듭한다. 인간은 현대 기술의 제작, 운용 및 이용 과정에 다양한 형태로 참여하지만 쉽게 시스템을 벗어나지 못하고 예속된다.

현대 기술 중 AI는 더 나아간다. 딥러닝과 그 결과를 이용한 실행 구간은 인간의 정신활동과 비슷해 통제하기 어렵다. 정상적인 작동 중에도 위험이 발현될 수 있으며, 위험은 연계된 다른 시스템에도 피해를 줄 수 있다. 피해를 가늠하기 어렵고 원상회복도 쉽지 않다.

AI는 미래로 가는 핵심 기술이다. 성장이 멈추면 갈등과 분쟁이 폭증한다. 기술의 역사는 위험 통제의 역사다. 자유와 평등을 넘어 안전을 중시해야 한다. 인간 파괴 기술이 아니라 인간 협업 기술로 만들어야 한다. AI를 제어하는 견고한 손잡이는 법과 윤리다. AI 위험의 의미, 성격, 특징, 규모, 국가별 이해 등 면밀하게 검토해 두려움이 아니라 이성과 합의로 만들어야 한다.

# AI 위험의
# 특수성

세상에서 가장 위험한 곳은 사람의 머릿속이다. 그 안에서 AI가 나왔다. 스탠리 큐브릭 감독의 영화 〈2001 스페이스 오딧세이〉 3막을 보자. 목성 탐사선 디스커버리호에 보면, 풀과 동면 중인 우주인 세 명이 타고 AI 시스템 HAL(할)이 탐사선을 조정하고 있다. 핵심 임무는 외계 문명과의 접촉이다. 보안을 위해 보면, 풀에게는 비밀로 했다. HAL은 보면, 풀이 임무를 알려 하자 우주선 밖으로 유인한다. 그들은 HAL의 기능에 문제가 있다며 작동을 멈추려고 한다. 위기를 느낀 HAL은 풀과 동면 중인 우주인을 살해한다. 보면은 고생 끝에 HAL을 정지하고 항해를 이어간다. HAL은 비밀 유지 의무를 다하려다 사람을 죽였다. 그의 알고리즘 작동 과정은 알 수 없다. 그 위험을 어떻게 이해하고 평가해야 할까?

위험은 정치, 경제, 사회 등 모든 분야에서 발생한다. 인위적이거나 자연적인 사고나 재난에 따른 피해 가능성이다. 천벌 또는 불운으로 체념하거나 주술이나 제사로 해결하던 때가 있었다. 과학기술을 이용해 재해 방지 시설과 매뉴얼을 갖춰 위험을 줄여나갔지만 과학기술의 발전이 반드시 안전을 보장하지는 않는다. 난개발 등 과학기술 오남용은 기후 온난화, 자연 파괴, 재해 등 위험을 높인다. 위험을 분석하고 유해성을 평가해 통제할 수 있어야 삶 속에 받아들였다. 자동차는 많은 희생자를 내지만 도로, 교통시스템, 운전자와 보행자의 법령 준수, 보험을 통해 위험을 통제할 수 있기에 허용했다.

위험은 얼마나 안전해야 받아들일 수 있을까? 자동차는 과거 통계를 바탕으로 미래 사고를 예측해 위험을 분담한다. 질병은 조사해 독성을 파악하고, 위험을 계산해 대비책을 세운다. 온라인 등 정보 검색과 유통이 쉬운 디지털 시대에는 시민이 위험을 어떻게 인식하는지도 중요하다. 관련성, 발생 빈도, 손해 득실, 언론 보도, 긴급성 등의 영향을 받는다.

철학자 울리히 벡의 생각을 보자. 과학기술이 편리함을 가져오지만 남용하면 기후변화, 자연 파괴 등 위험을 키우며, 국경을 넘어 전염병처럼 퍼진다. 자유, 평등의 가치보다 안전의 가치가 중요해진다. 전통적인 위험은 자연에서 주로 발생하지만, 현대적인 위험은 낡은 시스템 또는 검증이 어려운 과학기술로 나타날 수 있다. 독극물 사고, 건물과 교량 붕괴가 그것이고, 지구 온난화와 오존층 파괴, 환경호르몬도 이에 해당한다. 기계 등 오작동이 위험을 가져오지만, 시스템이 취약하면 정상적 작동 중에도 위험이 있다.

아무리 노력해도 참사를 막기 힘들다. 화재 위험을 낮추려 방화벽을 내리면 탈출로가 막힌다. 완벽한 시스템을 구축하려다 복잡해지면 또 다른 위험을 불러오고, 과학에 대한 불신으로 이어지면 갈등이 커진다. 사실관계는 불확실하고, 공동체의 가치는 충돌한다. 이해관계는 복잡해지고, 시간이 갈수록 위험은 커져 해결책을 찾지 못하고 우왕좌왕한다.

AI의 위험은 어떻게 다른가? AI를 이용하는 모든 분야와 경로에서 발생할 수 있다. AI 알고리즘이 작동하는 블랙박스 구간은 작동방식과 경로를 알기 어렵다. 예측할 수 없는 결과를 만들어내는 과정에서 어떤 위험이 어느 정도 발생할지 모른다. 피해를 원상복구하기 어려우며, 피해가 AI로 인한 것인지 인과관계를 입증하기도 어렵다. 기계는 매뉴얼에 충실하지만, AI는 인공신경망으로 작동되는 탓이다. 물질에 대한 통제보다 '정신'에 대한 통제가 어려운 것과 같다. 기계는 오작동에 의한 위험이 대부분이지만, AI는 정상적인 작동과정의 위험이 더 클 수 있다. AI 알고리즘 특성상 오류 수정이 쉽지 않다. AI 작동 과정에서 사업자 또는 사용자의 관여가 피해를 더욱 확대할 수 있다.

# 우리 안의
# 오이디푸스

그리스 테베의 왕 라이우스는 왕자가 자라면 자신을 죽인다는 신탁을 받는다. 양치기에게 왕자를 맡기고 죽이라고 명령한다. 양치기는 차마 죽이지 못해 왕자를 버려두었는데, 어느 부부가 구해 양자로 키운다. 그가 오이디푸스다. 성인이 된 어느 날 거리에서 시비가 붙어 아버지인지 모르고 라이우스를 죽인다. 결국에는 테베의 왕이 되고 자신의 친모와 결혼까지 한다. 훗날 진실을 접한 그는 두 눈을 찔러 자신을 벌하고 방랑길에 오른다.

우리는 시장경제와 이성, 과학의 힘으로 진화하고 발전했다. 기계 등 기술 장치를 고도화했다. 물론 위험을 통제할 수 있는 경우에만 삶에 편입했다. 삶은 갈수록 편해졌지만, 개인은 간단한 장치조차 직접 만들지 못한다. 어떤 물질로 이루어지고 어떻게 작동하는지 모른다. 사용법도 갈수록 쉬워지고 있다. 화면을 접촉하거나 자판을 두드리는 등 간단한 동작으로 활용할 수 있다. 다양한 경제 · 사회

활동을 하는 데 아무런 문제가 없다. 디지털 시대에 바보가 되어가는 것일까?

　반면에 AI는 사람의 육체 활동을 넘어 정신활동까지 대체, 모방하면서 발전을 거듭했다. 챗GPT 등 생성형 AI가 화두가 되고 있다. AI 알고리즘은 그 수준이 높을수록 어떤 결과를 내놓을지 예측할 수 없다. 인간의 예측과 능력을 넘어 우리 사회에 편익을 제공하는 것이 그 목적이기 때문이다. 그러나 잘못되었을 때의 위험이 부각되는 등 두려움이 급격하게 확산되고 있다. 우리가 만든 AI의 위험이 계속 커진다면 우리를 심각하게 위협하지 않을까? 오이디푸스가 그랬

던 것처럼 AI 세상을 만든 우리 삶을 송두리째 파괴하지 않을까 두렵다.

그러면 AI를 포기하고 과거로 돌아가야 할까? 자본, 기술로 끊임없이 시장을 키워야 하는 자본주의 경제를 포기해야 할까? 그래서는 안 되며 성장을 멈출 수도 없다. 멈추면 부익부빈익빈 등 온갖 문제가 드러나고, 갈등과 분쟁이 격화된다. 성장은 인간 진화의 자연스러운 사회현상으로, AI는 성장을 위한 기술로서 그 연장선에 있으며, 따라서 해결책을 찾아야 한다.

디자이너 토머스 트웨이츠는 걱정과 스트레스에서 벗어나기 위해 인간임을 잠시 멈출 수 있을까 고민했다. 그는 염소처럼 보이려고 풀을 소화하는 기계와 의족을 만들어 몸에 부착했으며, 염소가 되어 알프스 농장에서 염소들과 생활했다. 간단한 토스터기를 직접 만들기도 했다. 세상을 돌아다니며 400여 개 부품에 필요한 철, 구리, 플라스틱, 운모, 니켈 등 원재료를 구했다. 철광석을 구해 흙으로 된 굴뚝, 타일 조각, 진흙 등을 이용해 철을 제련했다. 바위에서 칼을 이용해 운모를 채취했으며, 폐품을 녹여 플라스틱을 구했다. 광산 폐기물 웅덩이에서 금속이 녹은 물을 전기분해해 구리를 얻었고, 동전을 녹여 니켈을 구했다. 토스터기에 필요한 전기회로를 구성하고 직접 만든 나무틀에 녹인 플라스틱을 부어 토스터기 외부를 만드는 등 엄청난 노력을 기울여 토스터기를 만들었고, 마침내 식빵을 넣어 작동시켰는데 얼마 가지 못해 고장났다.

자연으로 돌아가려는 그의 실험은 신기하고 재미있지만, 우리가 인간 이전의 상태로 돌아갈 수 없음을 역설적으로 보여준다. 과학기술로 이룬 문명을 포기하기 어렵다. 그의 실험처럼 우리는 혼자 할 수 있는 것이 거의 없다. 기술장치 또는 누군가의 도움을 받아야 하고 도움을 주어야 한다. 그것이 공동체다. 자본주의는 끊임없이 성장해야 한다. 과학기술과 그에 바탕을 둔 산업과 시장 발전이 성장을 위한 수단과 전략이다.

AI 외에 대안이 없다. 그러나 인간이 예측할 수 없는 결과물을 내놓기에 기존의 기계에서 나오는 위험과 차원을 달리한다. 위험의 의미, 성격과 효과를 다시 정의하고 대책을 세워야 하며, 이것만이 테베 왕 라이우스의 비극을 피하고 우리가 살길이다.

# 기술생태계의
# 사각지대

인간 소외는 '공동체에서 기피해 따돌리고 멀리하는 것' 또는 '인간이 본질을 상실해 비인간적 상태에 놓이는 것'이지만, 최근의 소외는 사회적 약자에 국한되지 않는다. 기술 발전으로 세상은 갈수록 풍요하고 편리하지만 우리는 왜 더 외로운 걸까?

첫째, 신체의 물리력 약화를 들 수 있다. 진화의 핵심 수단은 기술이다. 인간은 악어나 사자처럼 근육, 뼈를 강화하지 않고 신체 외연을 확장하는 방향을 택했다. 신체 역할과 기능을 외부에 확장해 도구와 기계를 만들었다. 정신활동을 외부화한 것이 AI다. 신체를 직접 떠받히는 근육, 뼈의 기능은 발전하지 못했다. 인위적으로 운동을 하거나 질병을 피하려 병원에 다닌다. 못다 이룬 꿈일까? 슈퍼맨, 터미네이터 등 영웅이 나오거나 니암 리슨이나 마동석이 출연하는 액션영화에 열광한다. 약한 신체에 불안이 있고 소외가 나온다.

둘째, 분업과 협업이다. 혼자 만들어 쓸 수 있는 기술은 가치가 작다. 복잡하고 고도화된 기술일수록 가치가 크지만 분업과 협업이 필요하다. 내가 부족한 부분을 메워줄 다른 사람이 필요하다. 여러 사람이 함께 하면 성과가 크다. 결국 혼자 할 수 있는 일을 줄이고 누군가에게 의존하는 구조로 진화해왔다. 혼자 할 수 있는 일은 사생활 영역으로 남는다. 분업과 협업에서 제외될 위험 속에 소외가 숨어 있다.

셋째, 기술 원리다. 번개나 일식 등 자연현상은 원리를 모를 때 공포 그 자체다. 왕조 시대에는 권력의 부도덕, 무능을 드러내는 상징이었지만 지금은 그렇지 않다는 것을 안다. 인간이 도끼와 호미 같은 도구를 만들 때 누구나 제작, 이용 원리를 안다. 기계가 나오면서 쉽게 원리를 알 수 없게 되었다. 제작 과정에 참여한 사람도 맡은 부분이 아니면 모른다. 소비자는 더욱 그렇다. 원리를 알지 못할수록 불안하다. 여기서 매뉴얼이 나온다. 임직원을 업무 매뉴얼로 묶고, 고객을 이용 매뉴얼로 묶는다. 매뉴얼을 익히면 기계가 어떻게 제작되고 작동하는지 알 필요가 없다. 그렇다면 매뉴얼만으로 소외를 벗어날 수 있을까? 스스로 인지할 수 없고 통제할 수 없는 기술 속에 소외가 잠재되어 있다.

넷째, 서비스 원리다. 도구와 기계 이용은 매뉴얼 등 학습으로 쉽게 익힐 수 있다. 그러나 AI 등 첨단 서비스는 사업자조차 모르는 블랙박스, 즉 딥러닝 및 의사결정 구간이 존재한다. 잘못될 수 있다는 불안은 커진다. 서비스는 다른 서비스와 연결되고 지속적인 업데이트로 성장한다. 인간은 서비스 제공과 이용 과정에 접착되어 기술생태계를 유지하는 부품이 된다. AI 생태계가 싫다고 나 혼자만 빠져나올 수 없으며, 혼자 빠져나오는 순간 생계를 위한 직업이나 다른 사람과의 연결고리까지 끊긴다.

다섯째, 기술의 노동 대체다. 과거에 기술은 노동에 의존했다. 도끼를 만들려면 노련한 장인이 누구인지가 중요했지만, 첨단 서비스에서는 임직원이 누구인지보다 어떤 기술을 채용했는지가 중요하다. 대부분의 노동을 기술이 대체하고 있으며, AI가 활성화되면 정신까지 모방, 대체할 수 있다. 노동 대체 기술을 넘어 인간 대체 기술로 넘어간다.

마지막으로, 시스템 위기의 상존이다. 정부의 행정망 사고, 정보통신 기업의 서비스 중단 사태가 일어난다. 작은 실수가 큰 피해를 낳고, 많은 시스템이 연결되어 피해는 확산되며, 이때 무슨 일이 일어났는지 알 수 없는 사람은 소외된다.

기술 없이 살 수 없는 시대다. AI 등 제작과 서비스 제공에 의견을 듣는 등 고객의 상시 관여가 중요하다. 도대체 무슨 일이 일어나고 있는지 설명을 요구할 수 있어야 하며, 의혹이 있으면 언제든 기술을 검증할 수 있어야 한다. 인간을 기술생태계 맨 윗자리로 높이는 것이 소외를 극복하는 시작이다.

# 우리는 그렇게
# 이어져 있다

AI를 이용한 그림은 물론 작곡이나 작사 등 다양한 저작과 발명이 이루어지고 있다. 2018년 영국 서리대학교 라이언 애봇 박사팀은 AI 시스템 '다부스'를 이용한 발명으로 두 건의 특허를 출원했다. 출원인은 다부스 개발자인 스티븐 탈러였다. 프랙털 구조를 이용해 모양을 자유자재로 바꾸는 음식 용기와 신경 동작 패턴을 모방해 수색 구조 작업을 할 때 눈에 잘 띄도록 만든 램프다. 발명은 전적으로 AI 시스템 다부스가 진행했다는 점을 명확히 했고, 다부스를 만들고 소유한 스티븐 탈러 자신에게 특허권을 달라는 것이었다. 이 특허는 대부분 국가에서 사람이 아닌 AI가 특허법상 발명자가 될 수 없다는 이유로 받아들여지지 않았다.

AI가 발명자가 될 수 있는지는 특허 실무 또는 학문적으로 재미있는 주제다. 그러나 발명조차 AI가 사람을 대체할지 모른다는 불안감이 엄습한다. 디지털 시대를 살아내야 하는 창작자에게는 치명적인 위협이다. 근로자 임금이 증가하면 기업은 기술로 노동을 대체한다. AI는 인간의 일자리와 노동을 더욱 쉽게 대체할 기술이 될 가능성이 크다. AI가 인간의 일자리, 노동을 빼앗을수록 탁월한 결과물이 나올까? 그것이 우리가 꿈꾸는 아름다운 세상일까?

인간이 지니는 장점 중에서 가장 훌륭한 것이 무엇일까? 창의, 근면, 끈기, 노력 등 다양하다. 누군가 필자에게 묻는다면 전문성과 경험에 따라 일을 나누고 동료의 부족한 점을 찾아 채워주는 분업과 협업을 들고 싶다. 이는 인류가 공동체를 만들고 가꾸어 온 방식이기도 하다. 우리가 꿈꾸는 디지털 시대가 인간의 모든 일을 AI에게 맡기는 세상이 되어야 할까? AI가 학습하는 데이터에는 인간의 비합리적이고 비효율적인 결과물도 있으며, 이는 AI라고 해서 완벽할 수만 없는 이유다. 인간의 부족한 점을 AI가 채우고, AI가 부족한 점을 인간이 채운다면 어떨까? 결과를 떠나 그 자체로 아름답지 않은가. 이것이 AI 위험을 통제하는 효과적인 방안이 될 수 있다.

홍희령, 황해연 작가는 〈선택된 무책임〉이라는 제목의 전시회를 개최했다. 작가들은 AI와 함께 학습한다. AI는 작가들의 데이터를 학습해 이미지들을 만들고, 작가들 역시 AI의 결과물로 창작 방향을 학습한다. 인간과 AI의 예술적 상호작용을 통한 성장과 발전이다. 인간과 AI의 상호 학습 속에서 작가들의 기존 작품은 새로운 작품에 자양분으로 승화한다.

홍희령 작가의 작품을 보자. 어린이들이 각자의 눈과 손으로 작가의 얼굴을 다양하게 그린다. 그렇게 그려지는 작가의 얼굴들은 AI 가 작가의 기존 작품을 참고해 변환하고 3D 프린트로 제작된다. 황해연 작가의 작품을 보자. 대자연의 빙하는 생명 탄생의 에너지를 갖고 있다. 거대한 빙하가 빨리 녹아내리는 것은 단순한 자연현상에 그치지 않는다. 자연생태계의 순환이 중단되고 모든 생명이 위기를 맞는다. AI는 작가의 기존 데이터를 활용해 얼음물고기 작품으로 새롭게 우려낸다. 인간과 AI의 진정한 협업은 이런 것이 아닐까.

필자는 전시 서문으로 그 의미에 동참했다.

대자연의 빙하가 깊은숨을 모으고 끝내 하얀 포말로 무너진다. 생명의 근원은 인류 문명 앞에 백색 경계로 찢어지고 유리벽처럼 꺾여 낙하를 거듭한다. 칠흑의 경계 밖에서 떨림을 숨기고 AI가 그 순간을 기다린 듯 손을 내밀어 세상에 펼친다. 아이들의 순수함은 인간의 근원이고 미래다. 천진난만한 아이들에게 위탁된 작가의 얼굴은 놀이터다. 통제 불능의 상태에서 산뜻한 긴박감에 빠진다. 아이들은 놀다 떠나고 그 공간을 AI가 개입해 또 다른 얼굴을 뽑아낸다. 그 얼굴은 작가의 얼굴일까. 작가들은 AI 앞에 창작의 주체이자 객체이며 주도면밀한 설계자이자 방관자다. 인간 창작의 세계에 AI가 비집고 다가섰다. 예술의 진보가 그러했듯 AI는 붓과 조각칼이 되어 작가의 얼굴과 이름과 스튜디오를 훔친다. 디지털 공간에 흩어지는 작가의 데이터를 씨줄, 날줄로 엮어 변증법적 합일에 이르기를 반복한다. 깊은 바닷속 단단한 무리를 이룬 유리 얼음의 상흔과 아이들이 남긴 도화지를 벗어나 '또 다름'으로 우뚝 섰다. 인간의 틈에서 AI가 나오고 AI의 틈에서 다시 인간이 나온다. AI에게 손을 내민 작가들에게 AI는 어떻게 화답할까. 작가들의 혁신은 AI를 디딤돌 삼아 창작의 신세계로 관객을 인도한다.

# 언제까지 두려워하고
# 멀리할까

AI가 발전을 거듭하면 인간을 능가하고 궁극에는 지배할 것이라고 한다. 정말 그럴까?

앤드류 니콜 감독의 영화 〈가타카〉를 보자. 유전공학의 발달로 나쁜 유전자를 제거해 완전한 아이만 태어나는 세상이다. 건강, 수명, 성격까지 완벽하다. 그런데 주인공 빈센트는 부모의 선택으로 유전자 조정 없이 태어났다. 근시에 신경계 질환 60퍼센트, 심장질환 99퍼센트, 예상 수명 30.2년의 잔인한 운명이다. 실망한 부모는 인공수정으로 완벽한 유전자를 가지는 동생 안톤을 출산한다. 빈센트는 우주 탐사가 꿈이다. 완벽한 유전자를 가지는 사람의 증명서와 생체정보를 위조해 우주항공 회사 가타카에 취업한다. 영화의 한 장면에서 빈센트는 동생 안톤과 수영 시합을 한다. 안톤은 육지에서 너무 멀어지자 두려움에 숨을 헐떡인다. 신체적으로 빈약한 형이 자신을 능가하는 현실을 믿을 수 없다. 빈센트가 안톤을 구해 육지로 돌아가며 말한다.

"나는 육지로 되돌아갈 힘을 남겨두지 않았어. 그게 너를 이긴 이유야."

인간은 승부나 자신의 존재를 확인하기 위해 죽음마저 각오한다.

결론부터 말하면 AI는 육체를 넘어 정신활동까지 모방해도 인간을 이길 수 없다. AI가 세상에 존재하는 모든 데이터를 투입하고 세상에 존재하는 모든 에너지를 이용해 알고리즘을 돌려도 결과는 다르지 않다. 인간이 가지는 비정상적 에너지 때문이다. AI가 데이터 학습만으로 배울 수 없다면 비정상적 에너지는 어디에서 나올까?

인간은 비합리적이다. 이성보다 감성을 따를 때가 많다. 근거가 부족해도 소문만으로 거액의 투자를 한다. 큰 이득을 보기도 하지만, 손실을 보면 실력보다 운이 나쁘다고 생각한다. 당첨이 어려운 줄 알면서 매번 1등을 노리고 복권을 사고, 그 기분으로 일주일을 버틴다. 인간은 비합리적이므로 실수를 반복한다. 미생물학자 알렉산더 플레밍은 접시에 세균을 배양하다가 뚜껑을 열어둔 채 휴가를 갔다. 돌아와서 보니 푸른곰팡이가 세균을 덮고 있다. 페니실린을 발견하는 순간이다. AI라면 세균을 배양하는 접시 뚜껑을 열어두는 실수를 하지 않는다. 3M사는 강력한 접착제를 개발하려다가 접착력이 약하지만 붙였다 떼었다 할 수 있는 포스트잇을 발명했다. AI라면 접착력 약한 불량이라고 걷어차고 말았을 것이다.

인간은 돌발 상황에서 새로운 가치를 창출해 왔다. 인간은 꿈을 꾼다. 꿈은 황당하다. 말이 되지 않는 상황이 뒤섞여 나온다. 도덕이나 법도 무시하고 회피한다. 하늘을 날아다니고 물속을 거닌다. 그 꿈을 과학기술로 실현해 항공기와 선박을 만들었다. 건강에 해로운 줄 알면서도 불량식품을 사 먹는다. UFO 등 증거가 없거나 충분하지 않아도 믿으며, 죽은 조상이 자신을 돌본다고 믿기도 한다.

인간은 무모하다. 비트코인 등 암호화폐가 등장했을 때, 거액을 들여 산다. 당시 데이터를 AI에 넣어 분석했다면 사지 말라고 했을 것이다. 수영을 못하면서 물에 빠지는 소녀를 구하려 물에 뛰어든다. 인간은 부도덕하다. 전철이나 버스에서 노인을 보더라도 자리를 양보하지 않는다. 노인이 늙어 보이는 젊은이일지 모른다고 노려보기도 한다. 위험에 빠지면 혼자 도망치기도 한다. 돈을 잃을 줄 알면서도 도박장을 찾는다. 건강에 해로울 줄 알면서도 약물을 가까이한다. 도덕적으로 지탄받는 이들 중에 훌륭한 예술품 등 걸작을 남긴 이들도 많다. 모범생만 양산하는 AI가 결코 따라올 수 없다.

인간은 신을 믿는다. 하느님이 이 세상을 창조한 것을 믿는다. 예수께서 처녀에게서 태어난 것을 믿는다. 믿음만으로 천국에 간다고 믿는다. 신이 있기에 신의 말씀을 지키려 애쓴다. AI가 신을 믿을지 의문이다. 신을 믿는 인간을 이길 수 없다. 인간은 눈물이 있다. 고등수학을 들이대지 않더라도 손익이 명확한 일에서 손해를 보는 결정을 하기도 한다. 누군가를 돕기 위해 희생한다.

인간은 수집한 모든 데이터를 고려하지도 않는다. 명확한 데이터라도 근거 없이 고려 대상에서 제외한다. 관심 가는 데이터를 기준으로 사고하고 판단하고 행동한다. 투입되는 모든 데이터를 고려하는 AI와 다르다. 사물을 있는 그대로 보는 것이 AI라면, 사물을 비틀어 보는 것이 인간이다. 19세기에 AI에 의존해 그림을 그렸다면 모네의 인상주의는 나오지 않았다. 피카소의 입체주의도 나오지 않았다.

인간의 비정상적 에너지에서 나오는 사고와 행동은 무에서 유를 창조한다. 비정상적 에너지가 인간에서 뿜어져 나오는 한 AI는 결코 인간을 능가할 수 없다.

# 디지털 시대의
# 인간다움

매년 연말이 되면 다사다난했던 한 해를 마감한다. 디지털 세상은 어땠는가? 미국발 금리인상과 높은 물가로 경제는 앓아 누었다. 온라인, 모바일, 메타버스, 암호화폐, 플랫폼까지 힘들었다. 그 와중에 마이크로소프트의 고액 투자를 받아 챗GPT를 쏘아 올린 오픈AI의 생성형 AI 충격은 세상을 떠들썩하게 했다. 미국 빅테크 기업의 재채기 한 방이면 세계가 휘청하는 세상이다. 누구는 거기서 기회를 찾고, 누구는 거기서 위험을 느낀다. 오픈AI 이사회의 샘 알트먼 해고 및 복귀 파동은 두려움마저 남긴다.

편익이 우선일까, 안전이 우선일까? 혁신이 우선일까, 공존이 우선일까? 이 둘은 대체재가 아니다. 실과 바늘처럼 하나로 봐야 한다. 안전이 없으면 편익도 없고, 공존이 없으면 혁신도 없다. 디지털은 인간의 따뜻함으로 감싸기 전에는 차갑기 그지없다. 편익과 안전, 혁신과 공존의 디지털 시대에 따뜻함을 가져올 인간다움이란 무엇인가?

중국 당나라 때의 시인 왕지환의 한시 〈관작루에 올라〉를 보자.


밝은 해는 산에 기대어 하루를 다하고

황하의 물은 바다로 흘러가 돌아오지 않네

저 멀리 천 리를 바라보려면

누각 한 층을 더 올라야 한다네


낮 동안 이글거리던 태양도 밤이 되면 붉게 물들어 달에 자리를 내어준다. 흙빛으로 쿵쾅거리던 황하의 도도한 물도 거대한 바다에 먹힌다. 모든 것이 멈출 듯 어둠과 두려움이 닥쳐와도 인간은 미래와

희망을 놓지 못한다. 집으로 돌아갈 마음조차 과감하게 버리고 또 다른 세상을 찾으려 누각의 계단을 또 올라간다.

디지털 시대도 마찬가지다. 경제성장은 더디고 산업, 시장의 역동성은 떨어져도 포기하지 않는다. 과학기술, 정보통신을 엮은 경제발전은 인간이 오랫동안 지켜온 진화의 방향이다. 모든 것이 정지할 것 같을 때, 더는 발전이 없을 것 같을 때, 새로운 아이디어로 다시 힘을 낸다. 그것이 디지털 혁신이다. AI를 장착한 인간만이 할 수 있는 끊임없는 도약이다. 특정 기업, 산업, 시장만 잘 되기 위한 것이 아니다. 공동체 모두를 위한 공존의 역사다.

AI가 가져올 변화에 능동적으로 대처하자. 법과 윤리는 필수 안전핀이다. AI가 모든 것을 해결해줄 것이라는 AI 만능주의 믿음은 과학이 아니고 미신이다. AI가 가지는 위험을 정확하게 들춰 통제하며 가야 한다. AI가 인간을 대체하고 파괴해서는 안 된다. 인간과 AI의 바람직한 협업을 찾고 그것을 조율할 수 있는 핵심 열쇠는 인간이 쥐어야 한다. 재봉틀이 나왔을 때, 재단사와 싸웠다. 컴퓨터가 나왔을 때, 종이를 만드는 사람과 싸웠다. 자동차가 나왔을 때, 마부와 싸웠다. 자동차를 막아선 '붉은깃발법'이 혁신을 방해한 악법이라 비웃지 말자. 아직도 매년 수천 명이 교통사고로 죽는다. 그 법이 있기에 자동차를 공동체가 수용할 수 있었다. 공존을 장착한 혁신은 인간의 마음을 가지는 횃불이 되어 미래를 밝힌다.

조정권 시인의 시 〈독락당〉을 들여다보자.

독락당 대월루는 벼랑꼭대기에 있지만

예부터 그리로 오르는 길이 없다

누굴까, 저 까마득한 벼랑 끝에 은거하며

내려오는 길을 부셔버린 이


　독락당에 산다는 그는 누구일까? 세상의 일을 일으키고 견디고 마친 자다. 이제는 오직 달을 벗 삼아 삶을 즐긴다. 세상에 되돌아갈 생각이 없다. 혁신과 공존으로 산업과 시장을 만들고 이바지했다면 그것으로 충분하다. 그는 혁신과 공존을 기획, 설계 및 실행했다. 공동체 자원을 합리적으로 획득해 효율적으로 활용했고 그 성과를 나누었다. 뒤에 올 세상을 위해 배려하고 떠났다. 그런 것이 쌓여 디지털 시대의 진정한 '인간다움'을 이룬다.

# 2장

# 소멸이 아닌 공유의 시대로

# 제 짝을 찾아 떠났으니
# 잘했다

이란 출신 작가 도리스 레싱의 작품 중에 〈다섯째 아이〉가 있다. 데이비드와 해리엇은 첫눈에 반해 결혼한다. 큰 집을 사고, 아이가 많은 행복한 가정을 꾸리기로 한다. 그러나 경제력과 양육 능력이 없다. 큰 집을 사는 데 데이비드 아버지의 지원을 받고, 아이를 키우는 데 해리엇 어머니의 도움을 받는다. 넷째 아이를 가진 상황에서 반대를 무릅쓰고 다섯째 아이를 낳는다. 그 아이는 폭력적이고 다른 형제와 반목해 가족을 공포에 떨게 한다. 요양원에 맡겼다가 다시 데려온다. 가족은 돌아온 다섯째 아이로 인해 분열된다. 가족은 뿔뿔이 흩어지고 그 아이는 가출해 범죄자가 된다. 이 가족의 문제는 무엇일까?

디지털은 자본주의의 순기능만 아니라 역기능도 가속화한다. 빚과 생계에 대한 위협으로 극단적인 선택을 하는 가족이 있다. 경제력은 가족을 유지하는 데 중요하다. 먹고 사는 문제와 직결되어 있다. 그렇다고 경제력만으로 가족을 지킬 수 없다. 권력과 부를 가진 사람도 가족 문제로 고통스러워한다. 가족을 지키려고 또는 가족의 미래를 위해 법을 위반하기도 한다. 원수만도 못한 가족도 있다.

가족은 위험과 어려움에 처했을 때 우리를 지켜줄 마지막 생존 인프라다. 그렇다고 가족의 유지와 발전을 위해 불법적인 일을 할 수는 없다. 다른 가족이나 공동체의 가치를 훼손한다면 부메랑이 되어 내 가족을 해친다. 가족이 가장이나 특정 가족만을 위한 공동체여도 안 된다. 경제적 공동체에 그쳐서도 안 된다. 가족 구성원이 노동력을 제공할 수 있는지에 따라 달리 취급해서도 안 된다. 가족이라고 착취해서는 안 되고 무조건 희생을 요구해서도 안 된다. 가족이 혈연으로 구성될 필요도 없다. 입양 등 다양한 형태의 가족도 가능하다. 쉽게 만들고 해체할 수 있는 공동체가 아니다.

가족은 대가를 요구하지 않는다. 누군가는 많은 이바지할 수 있고 그렇지 못할 수도 있다. 경제력 등 문제 해결을 외부에 의존하는 가족은 한계가 있다. 그러나 가족의 노력에도 불구하고 천재지변이나 경기침체 등 사회 구조적인 문제로 해결되지 못한다면 국가가 나서야 한다.

라면을 끓인다고 생각해보자. 적당한 크기의 면, 물 적당량, 분말 스프와 다양한 채소가 곁들여져야 한다. 어느 하나 너무 많아도 안 되고 너무 적어도 안 된다. 라면을 끓이는 사람이 정성을 들여야 한다. 가족도 마찬가지다. 적당한 경제력에 사랑, 신뢰와 소통이 있어야 하며, 사회생활에 지친 마음과 몸을 위로받을 수 있는 곳이어야 한다. 사랑, 신뢰와 소통이 가장 중요하다.

어린 시절 할머니가 운동화를 사주셨다. 품에 안고 집에 가는 길에 개천을 건너다 한 짝을 빠뜨렸다. 약이 오른 나는 짜증을 내며 나머지 한 짝도 개천에 던져버렸다. 친척들은 그런 나를 성정이 고약한 놈이라고 나무랐지만, 할머니만이 운동화가 제 짝을 찾아 떠났으니 잘했다고 웃으셨다. 아무도 모르게 부끄러움이 무엇인지 배웠다. 그것이 가족 아닐까. 이해와 공감을 바탕으로 역경을 이길 수 있는 의지가 되는 가족, 그것만이 디지털 시대를 건너기 위한 필수 가치다.

# 가족의
# 발명

어린 시절에 실수해서 이웃집 감나무를 부러뜨렸다. 주인이 항의하자 할머니는 어린아이가 그럴 수 있는 것이 아니냐며 크게 싸우셨다. 나는 속으로 내 잘못인데 왜 저러실까 하며 할머니를 부끄러워했다. 나중에 할머니가 음식을 싸 들고 이웃집에 가서 사과하셨다는 말을 들었다. 싸우실 때는 어린 손주가 기가 죽을까 봐 그러셨다고한다. 지금 내가 실수하거나 잘못했을 때 내 편을 들어 줄 사람이 있을까? 할머니가 그립다. 가족이란 그런 것이다. 헤어날 수 없는 어려움에 처했을 때 마지막까지 나를 보호해줄 인프라가 되어주는 바로 그것이 가족이다.

디지털 시대에 결혼율과 출산율이 떨어지고 있다. 인구가 줄어든다는 것은 노동과 수요의 감소를 뜻하며, 이는 결국 대한민국 위기라고 입을 모은다. 더 큰 문제는 디지털 시대에 결핍, 불안, 소외와두려움에 가득한 우리를 지켜줄 마지막 인프라인 '가족'이 없어지는 것이다. 화려한 '싱글'을 떠들지만 가족이 없다면 위기에 처했을 때 의지할 곳이 없다. 가족이라는 마지막 인프라를 이용할 수 없다.

왕조 계급사회에서 가족은 가문의 유지를 위한 도구에 불과했다. 농경사회에서는 노동력 취급을 당했으며, 산업화시대에는 산업발전을 위해 아버지를 국가에 내주어야 했다. 아버지는 돈을 벌어준다는 명목으로 집에서 왕으로 군림했다. 돈을 벌지 못하는 아버지는 아버지로서의 존재 이유를 상실했고 가족의 배척을 받았다. 아버지는 직장에서 쫓겨나도 가족에게 알리지 못하고 양복을 입고 공원을 전전했다. 아버지는 반드시 돈을 벌어오는 사람이어야만 할까? 그것이 옳은 가족일까? 돈을 벌지 못해도 가족과 상의하고 함께 살 궁리를 하는 사람이 진정한 가장이고 아버지 아닐까?

가족은 일터에서 돌아온 아버지를 쉬게 하고 재충전하는 도구에 불과했다. 아버지의 휴식을 위해 이웃과의 소통도 단절했다. 휴식해야 다음날 일을 할 수 있기 때문이다. 이웃과 소통하지 않는 아파트의 양산이 그것을 대변한다. 우리는 산업화를 달성했고 돈을 많이 벌어오는 아버지가 증가했지만 가족의 갈등은 줄어들지 않았다. 가족을 유지하는 것이 돈만은 아니기 때문이다.

디지털 시대는 마주보면서도 스마트폰을 이용해 대화한다. 집 안에서도 온라인 접속이 증가했고 가족 소통 기회가 줄어들었다. 주제를 공유할 수 없는 관계가 되고 있다. 손쉬운 소통을 추구하고 쉽게 잇고 끊을 수 있는 외적 관계를 선호하고 있다.

옛날 회사는 실력이 없어도 인성과 끈기가 있으면 채용해 가르쳐 썼다. 한번 직장은 평생직장이었다. 직원은 회사에 충성했다. 하지만 지금은 아니다. 실력과 경력을 갖춘 사람만 채용하고 가치가 다하면 버린다. 직장에서 살아남기 위해 몰입하다 보니 가족과 더욱 소원해지고, 직장이 그를 버리는 순간 돌아갈 가족이 없다. 어색하고 불편한 상황에 놓이는 것이 대부분의 가족이 겪는 현실이다. 그런 의미라면 우리 사회는 위로해주고 격려해줄 공동체로서의 마지막 인프라 가족을 가져본 적이 없다. 디지털 시대에 우리를 지켜줄 마지막 인프라로서 가족의 발명이 필요하다.

필자가 2023년에 쓴 책 《우리 엄마 착한 마음 갖게 해주세요》는 오래전 아이들의 기발한 생각과 행동을 기록한 자료를 바탕으로 평생을 찾아야 할 진정한 가족의 창조와 발명을 위해 썼다. 이는 필자의 마음만은 아닐 것이다. 늙어가는 남편이라면, 아버지라면 아내와 부쩍 커진 아이들의 눈을 직시하고 내 가족을 발명하고자 한다. 하지만 당연한 것으로 알았고 언제나 기다려주리라 믿었던 그 가족은 애초에 없다. 회사를 위해 불사른 그 진심으로 소홀했던 가족을 다시 창조하고 발명해야 우리의 미래가 지금 우리에게 있다.

# 페널티킥 앞에 선
# 골키퍼의 불안

배우들이 청중을 향해 끊임없이 욕을 하다가 끝나는 충격적인 연극이 있다. 제목은 〈관객모독〉으로, 노벨문학상 작가 페터 한트케의 작품이다. 그의 작품 중에 〈페널티킥 앞에 선 골키퍼의 불안〉이 있다. 요제프 블로흐는 유명한 골키퍼였지만 지금은 공사장 인부다. 그는 현장감독관이 출근하는 그를 힐끗 쳐다보자 해고되었다고 지레짐작하고 공사장을 떠난다. 이리저리 떠돌다가 극장 매표원 게르다를 유혹해 일요일을 함께 보낸다. 그가 말할 때마다 그녀가 끼어들어 지레짐작하거나 내용을 아는 척하자 불편해한다. 다음날 아침, 그녀가 "월요일인데 출근하지 않으세요?"라고 묻자 뜬금없이 목을 졸라 죽인다. 소설은 국경 마을로 도망하는 그의 정신세계를 따라 혼란스럽게 진행하다가 페널티킥 앞에 선 골키퍼를 이야기하며 끝을 맺는다.

관객은 페널티킥을 하는 공격수의 발과 공을 볼 뿐 골키퍼를 보지 않는다. 골키퍼는 관객으로부터 소외된 상태에서 공격수가 어느 쪽으로 공을 차려고 하는지 읽으려 애쓰지만 쉽지 않다. 공이 공격수의 발을 떠나면 오른쪽이든 왼쪽이든 판단해 바로 몸을 던져야 한다. 골키퍼의 원초적 불안이 여기서 나온다.

우리는 허블망원경을 통해 우주가 계속 팽창하고 있고 그 결과 별 사이의 거리가 멀어지고 있음을 안다. 우리 삶도 마찬가지다. 오프라인에서 온라인, 모바일, 메타버스로 끊임없이 세상이 팽창하고 있고 사람들 사이의 거리도 더욱 멀어지고 있다. 실제 공간에서 만나는 대신 컴퓨터 기기를 통해 접속한다. 디지털 시대는 누구나 언제 어디서든 접속할 수 있지만 쉽게 잇는 만큼 쉽게 끊는 수박 겉핥기, 인스턴트 관계다. 진심이 통하거나 끈끈한 인간관계를 기대하기 어렵다. 직장에서는 상사, 선후배 동료들과 다양한 업무상 접촉을 한다. 끊임없이 그들의 진의를 확인하려고 애쓰지만 쉽지 않다. 결국 그들의 생각을 지레짐작하고 일을 한다. 그러니 잘 될 리 없다. 페널티킥을 만난 골키퍼와 다를 바 없다.

소셜미디어 등 중요하지 않은 소통에는 얽매일 필요는 없다. 다른 사람이 나를 어떻게 생각하는지 깊이 생각하지 말자. 사람들은 대부분 자기 자신만 신경쓴다. 필자는 첫 번째 재판에서 당황해 판사가 다음 재판을 언제 하고 무엇을 준비하라고 하는지 제대로 듣지 못했다. 필기도구도 잊고 가서 그날 재판 내용도 제대로 적어오지 못했다. 그날 재판정에 다른 사건을 기다리던 고참 변호사가 있었다. 나에 대한 평판이 나빠질 수 있었다. 불안한 나는 그 변호사에게 재판에서 내가 어땠는지 묻고 조언을 구했다. 그 변호사는 내게 "잘하던데"라고 말했다. 황당했다. 그렇다. 사람들은 대부분 자신과 자기 일만 신경쓰고 다른 사람에게 신경쓰지 않는다. 그러니 우리도 중요하지 않은 일에 신경쓸 필요가 없다.

아울러 업무 등 중요한 소통은 진심을 가지고 노력해야 한다. 〈페널티킥 앞에 선 골키퍼의 불안〉에서 요제프 블로흐의 불안은 자기자신을 해고하고 사람을 죽이기에 이르렀다. 현장감독관과 진심으로 소통했더라도 결과가 같을까? 디지털의 발전 속도는 상상을 초월한다. 챗GPT에도 깜짝 놀라는 세상이다. 데이터와 AI 기술은 끊임없이 소통 대상과 방법, 수단의 변화를 가져온다. 소통은 업무 불안을 없애기 위해 꼭 필요한 과정이다. 지레짐작하지 말고 진심을 가지고 상대방의 의사를 거듭 묻자. 그래야 시간과 기회를 갖고 대응책을 세울 수 있다. 예의를 차린다고 모호하게 소통해서는 진심을 알기 어렵다. 중요한 소통을 할 때는 다시 보지 않을 각오로 정확하게 해야 한다.

이메일, 휴대전화, 면담, 회의 등 모든 수단을 활용하자. 그래도 소통되지 않는 경우, 상대방이 소통을 거부하는 경우, 일방적인 소통을 강요당하는 경우라면 떠나자. 그런 조직과 관계에 더는 안주할 이유가 없다.

# 벽 사이에서
# 일어난 일

소설가 로맹가리의 단편소설 〈벽—짧은 크리스마스 이야기〉를 보자. 가족도 친구도 돈도 없는 청년이 있다. 얇은 벽을 사이에 둔 옆집 처녀를 사랑했지만, 거절당할까 두려워 말 한번 건네지 못했다. 여느 때와 같은 크리스마스 연말 늦은 밤, 침대에 지친 몸을 눕힌 그에게 옆집 소리가 들려왔다. 남녀의 것으로 들리는 거친 숨소리, 침대의 삐걱거림 등 누가 들어도 그 성격을 짐작할 수 있었다. 그는 분노와 경멸로 그녀를 저주하는 유서를 남겼다. 영혼이 떠난 그의 몸은 집주인이 발견했다. 경찰과 동행한 의사는 그의 방을 나오며 옆집 처녀에게 들렀다. 그녀가 옆집 청년의 이야기를 듣는다면 어떤 표정을 지을까? 의사가 마주친 그녀는 일그러진 얼굴로 죽어 있었다. 독극물을 먹은 탓에 고통스러운 마지막을 맞이한 것으로 보였다. 옆집 청년과 다를 것 없는 유서를 남겼다. 자신을 사랑한 청년의 존재를 알았다면 결과는 달랐을까?

아날로그 시대의 단절이 가져오는 극단적인 불안, 고독과 공포는 죽음과 연결되어 있었다. 디지털 시대는 어떨까? 2000년대 인터넷에 이어 2010년대에 스마트폰, 2020년대는 AI가 변화를 주도하고 있다. SNS 등으로 끊임없이 소통하는 시대다. 디지털은 언제 어디서 누구나 접속할 수 있으며 생면부지의 누구와도 대화한다. 아날로그적 단절을 끝내는 소통 장치다.

디지털 세대는 태어나면서부터 휴대전화를 안고 살며 기술 문명의 혜택을 만끽하고 있다. 그런데도 불구하고 불안, 고독과 공포는 어디서 오는 것일까? 디지털 세대는 열심히 하면 성공했던 기성세대의 자녀로 태어났다. 돈을 들여 많은 경험을 했으며, 풍요로운 어린 시절을 보냈다. 그러나 저성장의 늪에 빠져 미래로 갈수록 나을 것이 없다. 화려한 스펙에도 불구하고 직장 구하기는 하늘의 별 따기이며, 그 기회조차 얻지 못하고 있다. 온라인에서는 나 말고 모두 잘난 사람으로 보여, 나만 고립되고 실패를 거듭하는 것 같다. 그렇게 속마음을 건네는 진정한 소통은 사라진다.

AI 등 과학기술이 불러오는 소외도 문제다. 인간은 의식주를 갖추는 것만으로는 만족하지 못한다. 나은 미래를 만들기 위해 애쓴다. 데이터를 수집, 분석하고 의사결정을 하는 능력을 강화해왔다. 신체 능력의 한계를 도구와 기계, 컴퓨터, 스마트폰, 소프트웨어 등 외연을 확장해 극복했다. 과학기술이 일으킬 수 있는 위험을 통제하며 삶을 지켰다. 그런데 AI는 인간의 정신활동을 모방, 대체한다. 기계와 달리 예측할 수 없는 결과를 내놓고 과정도 통제하기 쉽지 않다. 반면에 사용자가 AI를 다루려면 전원을 켜고 로그인하면 충분하고 클릭 몇 번으로 해결된다. 기술과 재능이 필요하지 않다. 작동법이 갈수록 쉬워지고 사람의 역할은 줄고 있다. 거기서 소외가 싹튼다. AI는 끊임없이 데이터를 요구하고, 데이터를 줄 수밖에 없는 인간은 불안하다.

과학기술의 발전은 큰 틀에서 인간의 진화이지만 개개인을 보면 그렇지 않다. 단순한 소비자로 내려앉고 일자리를 빼앗기는 등 소외된다. 그 불안을 디지털 세대가 온몸으로 느끼고 있다. 디지털의 발전은 처음에는 혜택을 주고 인간의 불안을 줄여나가지만, 일정 궤도에 오르면 사람을 수동적으로 만들어 '숨은 단절'을 키운다. 불안을 급격하게 높이고 급기야 공포에 이르고, 불안과 공포는 또다시 거짓 소통을 양산하고 악순환을 이룬다.

영화 〈앙: 단팥 인생 이야기〉는 단팥빵 가게를 하는 전과자와 팥소를 만드는 나병 할머니의 이야기다. 세상의 편견은 그들을 갈라놓지만 그것조차 받아들인다.

"잘못이 없어도 짓밟힐 수 있지. 우리는 세상을 보고 듣기 위해 태어났어. 무언가 되지 못해도 살아갈 의미가 있지."

AI 시대라고 다를 것이 없다. 존중하고 배려해야 숨은 단절을 끝낼 수 있다.

# 하나이지만
# 하나가 아닌

플라톤은 이데아를, 토마스 아퀴나스는 신의 나라를 말했다. 현실은 이데아 또는 신을 찾기 위한 허상에 불과했다. 이성과 과학으로 진리를 찾으려는 노력은 허용되지 않았다. 성찰, 믿음, 기도로 이데아 또는 신에게 가야 했다. 근대 이후 이데아 또는 신의 절대적인 지위가 흔들리며 대중의 불안 심리가 높아졌다. 세속적인 군사, 상업 권력이 어지럽게 난립하고 그 틈을 타 사이비종교와 범죄가 늘었다. 이데아, 절대자 등 의지할 곳을 잃은 인간은 잠시 방황했지만, 세상에 내던져진 존재로서 현실을 가꾸기 위한 투쟁을 시작했다. 믿을 것은 이성과 과학이었다. 자본주의 경제와 결합해 현실 세계를 풍요롭게 만드는 활동이 늘어났다. 이성과 과학의 성공은 '다양성'에서 나왔다.

다양성이라는 무엇인가? 정치, 경제, 사회, 문화 각 분야에서 모양, 빛깔, 형태, 양식, 의견 등이 제각각 다른 것이다. 하지만 다양성도 한계가 있다. BTS의 노래만 데이터베이스로 가진 노래방이 있다고 하자. 그동안 그런 노래방이 없었기에 다양성을 가진다. 그러나 그 노래방에서는 BTS의 노래만 부를 수 있기에 다양성이 없다. 여러 장르의 노래를 부를 수 있는 것이 노래방의 목적이기 때문이다.

다양성은 조직의 목표 등 보편·절대적인 하나의 목적으로 귀결되고 귀속한다. 언젠가 기업들이 "생각을 달리하라"라고 모든 임직원에게 요구하고 미디어 광고매체를 휩쓴 적이 있었다. 이것은 기업의 매출 성과를 높인다는 하나의 목표에만 귀결한다. 고객이 받아들이지 않으면 그 다양성은 폐기된다. 유행을 선도하는 사람이 있다. 그동안 없던 유행을 만든다. 그러나 유행을 따라가는 사람은 획일적·통일적인 상황을 만든다. 다양하지만 다양하지 않다. 노래방에서 누군가 조용필의 노래를 부르고 있는데 다른 누군가 옆에 서서 BTS의 노래를 부른다면 다양성일까? 아니다. 다른 사람의 다양성을 죽이고 차이를 없애는 것이니 가짜 다양성이다.

회의에서 다른 사람이 말하는 중에 그 말을 끊고 자신의 주장을 한다면 어떤가? 그것도 다양성을 죽이는 일이다. 어떤 사람이 말하는 것을 듣고 끝내기를 기다렸다가 그와 다른 의견을 제시하면 어떤가? 이것은 다양성이다. 그러나 그 사람을 지지하는 발언만 한다면 다양성이 아니다.

산업화 시대는 획일성이 중요했다. 역량이 약한 국민이 정부가 정한 목적과 방향을 보고 달려가게 만들어야 하기 때문이다. 정보화시대에는 그렇지 않다. 다양성이 중요했다. 국가를 부강하게 하고 국민을 풍요롭게 하려면 목표 설정과 실행 전 분야에서 다양성을 확보해야 한다. 역량이 높아진 국민이 서로 다른 아이디어로 다양한 지식 콘텐츠를 만들어낸다. 다양한 비즈니스 모델과 산업이 나온다. 부작용으로 과열 경쟁을 낳기도 했다.

디지털 시대에는 다양성도 달라야 한다. 다양성이 누군가 정해둔 보편 · 절대적인 어느 하나의 목적에 봉사하는 것을 넘어서야 그 조직과 사회를 바꿀 수 있다. 조직을 바꿀 수 없다면 그곳을 빠져나와 다양한 형태, 강도, 규모로 뻗어가야 한다. 그렇게 성장하는 아이디어가 디지털 미래를 만든다.

과거 우리는 한 개의 회사에 소속되어 평생을 일했다. 지금은 그렇지 않다. 우리는 여러 회사를 위해 일할 수 있고, 그중에 내가 직접 운영하는 회사나 일도 있을 수 있다. 낮에 하는 일과 밤에 하는 일이 달라도 된다. 낮에는 멀끔한 회사원이지만 밤에는 프로게이머일 수 있다. 오프라인만이 아니라 온라인, 모바일, 가상공간 메타버스에서 여러 캐릭터, 즉 인격을 가지고 일할 수 있다. 한 개의 인간 개체가 다양체가 되어 뻗어 나간다. 반대로 서로 다른 것들을 묶어 하나처럼 작동할 수도 있다. 이 경우 각자가 갖는 '차이'를 지키고 키워야 한다. 이것이 디지털 시대 바람직한 삶의 방식이고 공존을 위한 다양성이다.

# 탈진 사회의
# 가상 인간

산업사회는 끊임없이 기술을 통한 확장 과정을 걷는다. 목표는 성장이다. 성장한 만큼 과실을 공동체가 나눈다. 자본은 기술을 만들고, 기술은 생산성을 높인다. 사람은 노동을 투입해 기술 생산성이 높아지게 돕는다. 효율적인 노동을 위해 전문화와 협업의 과정을 걷는다. 대학 등 교육기관은 공동체가 요구하는 조건의 사람을 공급한다. 공동체가 살아남기 위한 선순환의 과정이다.

여기서 철학자 질 들뢰즈의 의견을 참고해보자. 사람은 직장에서 맡은 전문 업무를 협업하며 단순 반복하는 과정에서 피로를 느낀다. 공동체는 업무 피로의 빠른 회복을 위해 회식, 휴가, 취미와 복지 등의 기회를 제공한다. 그 결과 사람은 재생산을 위한 반복적인 출근길에 오를 수 있다. 그러나 우리나라는 '짧은 시간에' 고도의 산업화, 정보화를 달성했다.

피로 회복을 위해 가족과 시간을 보내기보다 동료, 고객과 결속을 다지려고 폭음과 폭식을 거듭하는 회식과 유흥으로 피로를 억눌렀다. 덩달아 술집과 식당이 많아졌다. 유대감과 충성심으로 직장 생활을 이어가지만 피로는 더욱 쌓이고 가족은 멀어진다. 그럴수록 폭음, 도박, 운동 등 격렬한 수단을 동원한다. 피로가 더는 정상적인 방법이나 특단의 조치로 해소될 수 없을 때 '탈진'에 들어서고 직장 복귀가 어려워진다. 몸과 마음이 하얗게 불타버리는 번아웃이다.

우리나라의 최대 난제인 출산율 감소도 탈진에 뿌리를 두고 있는지 모른다. 성장이 정체된 사회에서 보람과 보상이 없고 피로해 탈진한다면 누가 그 고통을 자녀에게 물려주고 싶겠는가. 차라리 낳지 않으려 할 것이다. 탈진의 간접 경험도 무섭다. 젊은 사람들은 자발적으로 일자리를 피한다.

요즘 가상 인간 기술이 발전하고 있는 이유가 무엇일까? 디지털 시대에 사람이 탈진해 떠난 자리를 기술로 메우고 사람을 대신하기 위해 가상 인간을 만드는 것은 아닐까? 가상 인간은 광고모델도 되고, 기자도 되고, 영업사원도 되고, 교사도 되고, 대통령도 된다. 가상 인간은 다양한 형태로 발전할 수 있다. 온라인 공간에만 있을 수도 있고, 로봇의 몸을 빌려 실제 공간으로도 나올 수 있다. 다양한 콘텐츠에서 사람을 대신하거나 같이 활동할 수 있고 창작의 품질과 규모를 넓히는 중요한 기회를 만든다. 가상 인간은 사람과 같은 번거로움이 없다. 근로기준법 등 노동관계법의 적용을 받지 않는다. 사생활 문제를 일으키거나 마약 등 범죄 위험도 없다. 개발, 활용,

관리에 필요한 비용을 상쇄하는 이익이 있다면 사용하지 않을 이유가 없다. 하지만 사람을 배제하는 기술 발전은 우리가 바라는 바가 아니다.

디지털 시대에는 국가도 달라진다. 헌법은 영토를 한반도와 이에 딸린 섬으로 정의한다. 그러나 온라인, 모바일, 메타버스 등 새로운 영토가 더해지고 있다. 국민도 한민족 기반의 국적을 가진 사람에 그치지 않는다. 우리나라에서 일한다면 외국인도 포함하고 온라인 캐릭터, 아바타, 가상 인간도 국민의 확장으로 봐야 하지 않을까. 가상 인간은 사람의 디지털 복제다. 새로운 사람의 추가다. 가상 인간이 나 또는 누군가의 역할을 대신하거나 나와 누군가를 도와주고 있다. 인간을 대체하는 것이 아니라 인간의 자유를 확장하는 개념으로 가상 인간을 만들어야 한다.

가상 인간은 사람을 표현하는 디지털 수단이다. 사람을 대하듯 존중해야 한다. 인격권, 초상권 침해, 성범죄 등 악행의 우회 수단이 되어서는 안 된다. 보이스피싱, 음란물, 가짜뉴스 등 가상 인간을 악용한 범죄도 막아야 한다. 가상 인간을 통한 콘텐츠 창작은 우리나라 문화의 핵심 요소다. 가상 인간을 산업으로 육성하고 새로운 가치를 더하는 방안을 끊임없이 찾아야 한다.

# 새로운 역사를 쓰는
# 가상세계

인간은 현실에 불만을 품고 이상향을 찾는다. 동양의 무릉도원, 서양의 유토피아가 그것이다. 잃어버린 대륙이라며 아틀란티스나 뮤를 찾아나서기도 한다. 공간에 대한 욕구는 에베레스트 같은 높은 산과 심해의 해저, 극지를 찾아 나서며, 우주 같은 거시세계는 물론 양자 같은 미시세계 연구에 박차를 가한다. 시간도 제약 요인이 되지 못한다. 과거나 미래로 갈 수 있는 길을 찾으며, 오프라인에서 온라인, 모바일, 메타버스 등 현실을 넘어 새로운 세상을 찾는다.

문학과 예술에서는 끊임없이 현실 밖의 세상을 그린다. 영화에서는 〈아바타〉, 〈매트릭스〉, 〈블레이드 러너〉를 비롯해 헤아릴 수 없다. 게임도 마찬가지다. 컴퓨터 가상세계에서 슈팅, 추리, 전략 게임을 비롯해 다양한 줄거리로 재미를 만들어 고객이 팀을 이루고 역할을 나눠 즐긴다.

자본주의가 성장하고 있으면 누구든 크고 작게 혜택을 누릴 수 있다. 성장이 느려지거나 멈추면 공동체 구성원 간의 갈등이 폭발한다. 가진 자는 자기 능력으로 획득한 재산이라며 나누기를 꺼리고, 가지지 못한 자는 노동에 따른 대가를 요구한다. 가진 자 중심으로 설계된 경쟁 시스템의 불공정성을 지적한다. 자본주의가 성장 페달을 놓을 수 없는 이유다.

아르헨티나 작가 중에 호르헤 루이스 보르헤스가 있다. 소설을 죽음에서 구했다고 평가받는 그의 단편소설 중에 〈틀뢴, 우크바르, 오르비스 테르티우스〉가 있다. 우크바르의 이교도 지도자가 "거울과 성교는 사람 수를 늘리기 때문에 혐오스럽다"고 말했다며 그 출처를 찾으면서 시작된다. 백과사전의 어느 판본에 '우크바르' 항목이 있는 것을 보고 참고문헌 등 증거를 찾아 나선다. 우크바르뿐만 아니라 오르비스 테르티우스, 틀뢴이라는 국가와 행성이 있다는 증거가 곳곳에서 발견된다. 그러나 결국에는 모두 거짓임이 밝혀진다. 17세기에 가상의 지역, 국가, 행성과 그 언어, 문학, 철학, 역사, 생물학, 수학 등 모든 것을 실제 있는 것처럼 조작하려는 집단이 있었다. 그들은 대를 이어가며 세력을 키웠고 가상세계가 실제 있다고 증거를 조작해 백과사전, 종교, 문학, 언어 등을 만들어 왔다. 틀뢴, 우크바르, 오르비스 테르티우스 등 가상세계가 현실의 행성, 국가, 지역을 침범하고 대체한 것이다.

자본주의는 성장을 멈추는 순간 희망조차 없는 판도라의 상자가 열린다. 그래서 정부와 기업은 성장 페달을 놓치지 않으려 끊임없

이 새로운 시장과 거기서 팔 수 있는 상품을 만든다. 새로운 시장은 누구나 물건 기타 무언가를 내다 팔 수 있고 그것을 사줄 사람이 기다리는 곳이다. 우리가 알고 있는 역사, 영화, 문학작품에서 보아왔던 가상세계는 선과 악, 진리와 모순, 사랑과 배신이 대결하는 곳이지만, 자본주의가 꿈꾸는 시장은 그 가상세계 안에서 상품의 판매와 구입이 이루어지며 돈이 오고 가야 하는 곳이다. 정의 실현에 그쳐서는 안 될 공간이다.

오프라인에서 팔리고 있는 것을 가상세계에서도 파는 것은 거래 장소가 늘어나는 것에 그친다. 오프라인에 없는 상품이 많이 판매될수록 가상세계 시장의 가치가 커진다. 대표적인 예로 아바타가 입는 명품 옷 같은 것을 꼽을 수 있다. 시중에 많은 돈이 공급되면 불필요한 소비를 하기도 하고 유혹성 마케팅에 주머니를 열기도 한다. 그러나 금리인상 등 시중의 유동성을 줄여나간다면 그런 소비는 현저히 줄어든다. 그것이 거품이다. 그와 반대로 소비가 줄지 않는다면 그것은 더는 거품이 아니다. 새로운 시장을 지탱하는 실물경제의 영역으로 들어온다. 정부와 기업은 이런 시장을 만들기 위해 애쓰고 있다.

챗GPT도 마찬가지다. 온라인과 모바일에서 볼 수 없던 가상세계 신규 상품을 공급하거나 검색, 업무용 프로그램 등 기존 상품의 가치를 현격히 높일 수 있다는 기대를 준다. 금리인상으로 유동성이 줄고 있는 시점에서 과감한 도전을 보여주고 있다. 거품을 이겨내고 실수요를 창출하면 영화 속의 가상세계가 현실이 되고, 새로운 역사가 된다.

# 자연인과
# AI의 창작

남미 작가 호르헤 루이스 보르헤스의 단편소설 〈피에르 메나르, 돈키호테의 저자〉를 보자. 1900년대 소설가 피에르 메나르의 저술 중 가장 의미 있는 작품은 《돈키호테》 1부의 9장과 38장, 그리고 22장의 일부로 이루어져 있다. 미겔 데 세르반테스의 1605년 작품 《돈키호테》의 해당 부분과 언어, 문장 등 모든 면에서 똑같은 몇 장을 그대로 가져온 것이다. 물론 펠리페 2세나 종교재판소의 이교도 처형 등 300년이 지난 시대에 맞지 않은 내용을 제외했다. 그러나 1605년 당시 세르반테스의 문장을 그대로 옮겨왔기에 고어체처럼 읽기 어색하다.

세르반테스의 소설 《돈키호테》를 그대로 베낀 피에르 메나르의 작품을 창작이라고 볼 수 있을까? 보르헤스의 평가는 놀랍다. 300년의 시대착오를 이용해 '독자마다 새롭고 다양한 감흥을 불러일으켜 독서를 풍부하게' 했다며 세르반테스의 《돈키호테》와 다른 명작이라

고 치켜세웠다. 보르헤스는 필자가 그의 작품을 베껴 적당한 해석을 붙여 세상에 내놓는다고 해도 똑같이 평할까? 돌아가셨으니 알 길이 없다.

최근 영국 예술가 데미언 허스트는 AI를 활용해 작품 〈아름다운 그림〉을 발표했고 한화 278억 원의 판매 이익을 거두었다. 구매자가 원하는 색상, 스타일로 조합해 디지털과 아날로그 창작의 경계를 허무는 AI 작품이다. AI가 발명하고, 음악을 작곡하고, 시와 소설을 쓰고, 그림을 그려 전시회에 출품하는 시대다.

특허권과 저작권 등 창작에 대한 보상체계를 보자. 발명에 대한 특허권을 인정받으려면 신규성, 즉 이미 알려진 기술이 아니어야 하고, 진보성, 즉 기존의 기술만으로 쉽게 생각해낼 수 없어야 하며, 산업적으로 이용할 수 있어야 한다. 저작권도 그 창작성을 인정받으려면 다른 사람의 창작물을 베껴서는 안 되고 독창적인 사상 또는 감정을 표현해야 한다. 디지털 시대에 창작 개념이 유지될 수 있을까? 그렇다. 창작은 기존의 발명, 저작 등 창작물과 비교해 새롭고 독창적이어야 한다.

창작 개념이 유지될 수 있다면 그것은 사람의 전유물로만 남아야 할까? AI 등 제3의 창작을 어떻게 봐야 할까? 단순한 자연현상으로 볼 수는 없다. 창작은 즐거움을 줄 뿐 아니라 산업과 시장을 여는 계기가 된다. 인간의 존엄과 가치를 훼손하지 않는다면 AI 등 제3의 창작을 인정할 필요가 있다. 아날로그와 다른 디지털 시대에는 그에 맞는 창작 주체를 더할 수 있고 사람에 한정해서는 안 된다.

AI 등 디지털 시대 창작 인정 요건은 어떠해야 할까? 창작에 고통이 반드시 필요한 것은 아니지만 AI를 활용하면 너무 쉽게 창작이 이루어질 수 있다. AI 창작 인정 요건은 자연인 창작보다 기준을 어렵게 할 필요가 있다. AI 창작의 결과로서 주어지는 권리도 보호 수준과 범위를 자연인의 창작보다 줄여야 한다. 자연인의 창작과 구분해 AI의 창작을 별도로 등록 등 관리하는 법제도가 필요하다. 인간과 AI가 디지털 시공간의 창작에서 균형과 조화, 공존을 이룰 방안을 고민해야 하며, 창작 시장에서 공정한 경쟁과 협력을 지원하는 환경도 중요하다.

AI를 이용할 수 있는 자본과 기술을 갖춘 기업만 창작 시장을 주도해서는 안 된다. 자연인도 AI 기술을 이용해 창작할 수 있는 지원 인프라가 있어야 한다. 국가가 법제도를 마련해 국가와 기업이 가진 AI 인프라를 자연인도 이용할 수 있는 길을 열어야 한다. 엄청난 데이터를 필요로 하는 AI 개발과 활용, 성과는 특정 기업이나 개인의 노력만으로 이루어질 수 없다. 정부, 기업, 국민의 협력으로 이루어지는 만큼 창작의 과실을 현명하게 나눌 수 있어야 진정한 디지털 선진국이다.

# 여보,
# 이제 그만 쉬어

개빈 로서리 감독의 영화 〈아카이브〉를 보자. 회사는 유족이 마지막 순간을 함께 할 수 있도록 죽은 사람의 기억과 의식을 일정 기간 보관하는 아카이브를 운영하고 있다. 엔지니어 조지 알모어는 아내 줄스와 함께 차를 타고 가다가 교통사고를 당한다. 조수석에 있던 줄스는 죽고 자신만 살아남았다. 줄스를 잊지 못하는 조지는 회사 아카이브에 저장된 줄스의 기억과 의식을 AI 로봇에 이식해 재생하는 연구를 시작한다. 실패를 거듭한 끝에 줄스의 재생에 성공한다. 그때 전화벨이 울린다. 누구에게서 온 전화일까? 여기에 반전이 있다. 전화기 저편의 여자 목소리가 흐느끼며 말한다.

"여보, 그만해. 당신은 죽었어. 이제 편히 쉬어."

그렇다. 교통사고로 죽은 사람은 줄스가 아니고 조지였다. 그의 데이터가 아카이브에서 자신은 살아 있고 줄스가 죽은 것으로 착각해 그녀를 복원하는 연구를 했던 것이다.

고인이 된 가수나 배우 등 연예인과 불의의 사고로 떠난 가족을 디지털로 복원해 유족이나 지인과 만나게 하는 방송 프로그램이 감동을 주고 있다. 부모님 등 돌아가신 가족의 음성, 영상 등을 AI로 합성해 유족에게 제공하는 상용 서비스도 나올 것으로 보인다. 무속인에게서나 듣던 고인의 모습을 VR 기기와 모니터로 듣고 본다.

고인이 된 화가, 작곡가, 가수, 소설가, 시인, 사진작가, 배우 등을 복원하고 AI로 그들이 실제 만들고 활동했던 작품과 비슷한 작품을 계속 만들어낼 수 있다. 그들의 작품을 현대에 맞게 재구성해 내놓을 수 있다. AI가 만든 빈센트 반 고흐의 그림이 쏟아지고 베토벤, 모차르트, 슈베르트의 클래식 음악이 쏟아진다고 생각해보자. 마릴린 먼로의 신작 영화가 쏟아진다고 생각해보자. 처음에는 재미있고 감동적일 것이다. 하지만 그 감동이 얼마나 오래갈까? 초기에는 관심을 끌다가 서서히 도태될 수 있다. 새로운 작가들은 고인이 된 예술가들의 부활로 창작과 시장에서 두각을 낼 기회를 빼앗길 수 있다. 이를 시장에만 맡겨야 할까? 과거가 현재로 복제하거나 재생산되는 것이 과연 옳을까?

사람이 죽으면 이 세상에서의 삶을 마무리하는 장례 의식을 치른다. 상당한 기간 마음에 아쉬움과 그리움이 남지만, 그렇게 보내드리고 유족은 다시 일상을 살아간다. 고인이 데이터 형태로 남아 언제 어디서나 필요하면 가상현실로 불러내는 것은 고인에 대한 예의가 아니다. 고인이라 해도 인간의 존엄과 가치는 존중되어야 한다.

이것이 사람에 관한 데이터 복원에 윤리가 필요한 이유다. 소셜미디어 등 온라인에 고인의 계정이 오래 남아 있는 경우도 어색하다. 오프라인에서 사망신고가 되면 관공서 등 모든 기록에서 고인의 흔적이 지워진다. 온라인에서도 고인의 데이터 흔적을 지워드리는 것이 맞지 않을까. 디지털장의 서비스 역할이 중요하고, 유족도 고인을 편히 쉴 수 있도록 해야 한다.

물론 고인을 기억하기 위한 최소한의 장치는 필요할 수 있다. 지금껏 그래왔듯이 낡은 사진 몇 장과 아련한 기억이면 충분하지 않을까. 데이터도 사진, 음성, 영상 등 최소한의 것만 있으면 된다. 고인을 생생하게 부활시키거나 환생시키는 정도에 이른다면 고인에 대한 모욕이 아닐까. 여러분에게 묻고 싶다. 누군가 당신이 사망한 뒤에 데이터, AI로 부활시키겠다면 선뜻 동의하겠냐고.

데이터, AI의 발전은 인간의 삶을 풍요롭고 행복하기 위해 활용되어야 한다. 시장의 수요가 있다고 해도 인간의 존엄과 가치를 훼손하는 악마의 기술이 되어서는 안 된다. 영원한 안식에 들어야 하는 분들을 복원해 온라인 공간에 돌아다니게 하는 것이 정녕 옳은지 다시 생각해보자.

# 개체와 관계의
# 대립을 넘어

생물학에서 '개체'는 다른 개체와 독립해 행동하는 생명체로서 생존을 위한 최소 단위이며 '관계'는 개체와 개체 사이에 이루어지는 연결과 교류를 말한다.

인간의 역사는 관계보다 개체를 중심으로 발전했다. 플라톤은 현실 세계는 가짜이고 이데아, 즉 본질이 진짜라고 했다. 중세 신학자 토마스 아퀴나스는 이데아가 있던 자리에 신을 두었다. 천국에 가는 것이 삶의 목적이니 현실은 참고 견디는 것에 불과했다. 니체는 신의 죽음을 선언했다. 신과 단절된 인간 개체가 어떻게 살지 이성과 과학에서 답을 찾았다. 신학자 캘빈은 천국에 갈 사람은 정해져 있으니 믿고 생업에 충실해야 한다며 자본주의의 길을 열었다. 인간 개체가 세상의 중심이 되면서 과학기술로 자유를 키우고 풍요 사회를 만들었다.

세상은 과거보다 나아졌지만 가진 자와 없는 자 모두 불안하다. 나의 발전을 위해 타인과의 '관계'를 악용하고 이기주의가 판친다. 성장이 정체되면 인간 개체 간의 경쟁이 더욱 치열해지고 관계는 더욱 악화된다. 인간은 공동체 구조에 영향을 받는다. 공동체는 강자가 지배하고 인간의 이기심은 빈부 격차, 환경 파괴, 갈등과 분쟁 등 관계를 악화시킨다. 공동체 안에서 해결책을 찾지 못하면 관계 개선을 포기하고 비윤리적인 방법을 찾는다. 그러나 군사혁명, 공산주의 등 극단적인 방법은 모두 실패로 끝났다.

우리는 개체 중심의 덫에 갇혀 살아왔다. '하면 된다. 안 되면 되게 하라', '우리는 뇌의 5퍼센트만 사용하고 있으니 나머지 95퍼센트까지 써야 한다', '나의 사전에 불가능이란 없다', '천재는 5퍼센트의 영감과 95퍼센트의 노력으로 이루어진다' 등등 인간 개체의 경쟁을 자극하는 구호 속에 달려왔다. 학교에서 성적을 다투고, 치열한 경쟁을 거쳐 취업하고, 직장 동료는 물론 선후배와 끊임없이 실적을 겨룬다. 경쟁자 사이의 '관계'는 쉽게 파괴된다. 1등이 나오면 2등은 불행해지고, 합격자가 있으면 불합격자가 불행해진다. 부자가 있으면 빈자가 불행해진다. 경쟁에 이긴 자가 행복한 것도 아니다. 인간 개체는 무한경쟁으로 인해 건전한 관계를 놓치고 퇴보하고 있다. 우리는 세계적으로 손꼽는 탁월한 개인들을 보유하고 있지만 그들과 공동체의 삶은 각박하다. 공동체의 구조가 나를 지켜주지 못하기에 각자 개체로서의 실력을 키우는 것에만 몰두한 것일까?

과학기술은 인간 개체의 자유를 확장했지만 한계에 직면했다. 디지털 시대에는 현실과 가상의 경계가 붕괴되고 모호해진다. 인간 개체는 만물의 지배자고 이성으로 모든 것을 해결할 수 있다는 생각을 버려야 한다. 인간 개체의 불완전성과 한계를 인정하고 관계를 악용하는 이분법적 대립을 버려야 한다. 인간만이 중심이고 세상을 이용할 권리가 있다는 생각을 그치고 불확실성을 포용해야 한다. 열린 결말, 나와 다름, 다양한 해석의 가능성을 허용해야 한다. 작가가 정한대로 그의 작품이 해석될 필요가 없다. 여백과 행간, 틈새와 뒷장으로 밀려난 것에 애정을 가져야 한다. 변화를 이해하고 받아들이는 감각이 필요하고, 불일치와 차이에 대한 관용이 중요하다. 불명료함을 견디고 받아들이는 태도, 모호함을 참고 혼돈과 변화를 용인하는 인내를 가져야 한다.

이를 위해 개체 중심에서 '관계' 중심으로 달라져야 한다. 축구 경기를 보자. 특정 팀의 스타 플레이어가 득점을 많이 해 우승하는 것이 중요할까? 생각을 달리해야 한다. 승부보다 다양한 전략의 수립과 실행, 경기 전 과정의 역동성과 생동감, 상대 팀의 득점을 막기 위한 치열함, 동료의 격려와 상대에 대한 예의 등 경기 내내 이루어지는 건전한 관계가 더 중요하다.

인간 개체의 발전이 관계를 착취, 악용, 파괴하고 불신을 가져오는 것을 끝내야 한다. 관계 자체에 관심을 기울이자. 다양하고 건전한 관계를 중시하는 문화가 디지털 시대를 꽃피운다.

# 소멸이 아닌
# 공유

1837년 다게르가 발명한 사진은 어떻게 발전했는가? 초기 사진작가는 얼굴 사진을 많이 찍었다. 초상화를 찾던 수요를 잠식했다. 회화 양식을 본받아 합성 등의 방법으로 교훈적인 사진을 만들기도 했다. 사진의 해상도가 높아지자 문학성, 회화성을 배제하고 사람의 눈에 비친 있는 그대로의 생동하는 장면을 사진으로 담았다. 다양한 실험이 있었다. 인화지에 물건들을 올려놓고 빛을 쬐어 작품 사진을 만들었다. 뉴스 현장을 포착하는 보도 사진, 사회 이슈를 다루는 다큐멘터리 사진, 정치나 사회를 풍자하는 사진이 등장했다. 전쟁, 오지, 참상, 가난 등 긴박하고 처절한 상황과 현실을 찍은 사진도 감동을 주었다. 작가가 의도하는 효과를 내려고 대상과 배경을 인위적으로 연출한 작품도 나왔으며, 추상미술을 본뜬 난해한 사진 작품도 등장하고 있다. 더 이상 사물과 대상을 있는 그대로 보여주지 않고 다양한 예술 장르를 융합해 철학과 가치를 더하고 있다.

회화는 사진의 등장에 어떻게 대응했을까? 회화의 시대가 끝났다는 위기감이 높았지만, 화가들은 사진을 이용하면 오랫동안 비싼 모델을 세워두지 않아도 그림을 그릴 수 있었다. 모델이 표현할 수 없는 생동감 있는 일상을 사진으로 찍은 다음에 그것을 보고 그림을 그리기도 했다. 대상이 온전하게 나오지 않고 잘린 부분이 있는 그림은 사진의 영향을 받은 것이다. 사진으로 찍을 수 없는 과거 시대를 그리기도 했다. 인상파 화가들은 대상을 있는 그대로 캔버스에 옮기는 것을 거부하고 야외로 나가 대상에 쏟아지는 빛을 그렸다. 있는 그대로를 그리는 초상화와 풍경화, 정물화는 위기를 맞았지만 구상회화에서 추상회화, 현대미술로 나아갈 수 있는 계기가 되었다.

실물을 연상시키는 그림을 버린 화가들도 나왔다. 피카소, 칸딘스키, 달리, 잭슨 폴록, 마크 로스코 등이 그들이다. 입체적으로 조각난 화면, 음악이 들리는 듯한 그림, 단색으로 감동을 주는 그림, 꿈에서나 볼 수 있는 상황을 그린 그림이 그것이다. 여러 장면을 찍은 사진을 오리고 잡지를 찢어 붙이는 등 새로운 형태의 회화가 나오는 등 사진의 등장은 회화를 풍부하게 했다.

디지털 시대는 휴대전화에 카메라가 내장되어 있다. 사진 촬영을 쉽도록 지원해주고 있다. 조금만 공부하면 누구나 작품 사진을 찍는다. 언제 어디서든 사진을 찍을 수 있는 상황을 만들었다. 자신을 찍는 셀카도 유행이다. 회화는 오프라인 작업 없이 디지털 기기를 이용해 작품을 만들고 NFT로 만들어 판매하는 등 다양한 시도를 하고 있다. 사진과 회화는 모방과 경쟁, 창의로 선순환의 발전을 거듭하고 있다.

과학기술의 발전은 오프라인 세상에 버금가는 온라인, 모바일, 메타버스 세상을 만들고 있다. 디지털은 오프라인을 모방해 오프라인 상품을 온라인에서도 손쉽게 사고파는 시스템을 구축했다. 오프라인 의존도를 낮춰가며 자신만의 세계를 구축할 것이다. 오프라인에 없고 디지털로만 거래가 되는 상품과 서비스가 나올 것이다. 가상 인간이나 아바타가 입는 명품 의류와 가방 등 가상 재화가 그것이다. 그들만이 사용하는 화폐도 나올 것이다. 모바일 뱅킹이 늘고 은행 창구가 없어지듯이 중복되는 오프라인 상품을 줄이거나 없앨지 모른다.

디지털의 도전을 받는 오프라인은 어떻게 해야 할까? 디지털이 갖지 못한 오프라인만의 가치를 끊임없이 추구해야 한다. 고층 건물과 아파트에 싫증 난 사람들은 골목길에서 옛 가치를 찾는다. 오프라인의 가치는 가족, 우정, 여가, 감성, 의료, 건강 같은 것이다. 디지털의 도움으로 오프라인 가치를 높이자. 좋은 사람과 맛있는 음식을 먹으며 남긴 사진을 디지털 공유로 즐길 수 있다. 오프라인이 디지털을 돕고 디지털이 오프라인을 도와야 한다.

# 데이터 폭증과
# 유리알 인간

영화 〈트루먼쇼〉는 작은 마을에서 행복한 삶을 즐기는 주인공 트루먼의 이야기다. 모든 것이 쇼라고 외치며 떠난 연인을 찾는 여정을 그린다. 그의 도전은 번번이 실패한다. 그는 태어나면서 TV 프로그램에 갇혀 모든 삶이 시청자에게 방송되는 존재다. 그의 침실, 집, 거리, 회사 모든 곳에 카메라가 설치되어 있다. 가족, 친구와 지역 주민 모두 배우다. 그는 삶을 선택할 기회가 없었다. 배를 타고 섬을 탈출하던 마지막 장면에서 스튜디오 세트의 벽과 맞닥뜨린다. 고민 끝에 벽에 난 계단과 문을 통해 진짜 세상으로 나오려고 한다. 감독은 세트장으로 돌아가라 윽박지르고, 관객은 탈출하라고 외친다.

조지 오웰의 소설 〈1984〉에서는 독재자 빅브라더가 다스리는 오세아니아를 배경으로 한다. 카메라와 마이크로 국민을 감시하는 장치가 곳곳에 설치되어 있다.

철학자 제레미 벤담이 제안한 파놉티콘은 감옥이다. 간수는 중앙의 감시탑에서 사방으로 내려다보며 감시할 수 있지만 죄수들은 감시탑 안을 들여다볼 수 없다.

데이터가 읽히는 곳에서는 통제가 가능하다. 집을 나서면 엘리베이터, 거리, 지하철, 버스, 직장과 학교, 식당, 상점 곳곳에서 CCTV에 노출되어 있다. 질병 통제, 범죄 예방 면에서 바람직하기도 하지만 코로나 팬데믹을 거치면서 비대면 수요 증가로 영상·보안 산업이 더욱 발전했다. 스마트폰의 보급으로 녹취가 일상화되었다. 필름 걱정 없는 휴대전화 카메라 등으로 일상이 노출되고 있다. 휴대전화를 손에 달고 사는 한 집안이라고 다르지 않다.

인터넷을 이용한 길·맛집·친구 찾기 등 위치 기반 서비스는 개인의 위치 정보와 취향을 실시간 기록한다. 이메일, 방문 장소, 검색 내용이 기록으로 남는다. SNS 등 소셜미디어에 남긴 글, 사진, 영상, 좋아요 등 이모티콘도 마찬가지다. 수사기관에 소환된 사람은 죄가 있거나 없거나 휴대전화부터 망치로 부순다. 있을지 없을지 모르는 죄와 사생활이 드러나는 것이 두려워 그렇다. 개인 유튜버를 포함한 많은 매체에 사람의 정보가 노출된다. 자발적으로 혹은 누군가에 의해 나와 연관된 글, 사진, 음성, 영상 등 데이터가 폭발적으로 증가하고 있다. 어떤 아이는 태어나자마자 SNS에 데뷔하며 데이터화된다.

일거수일투족이 노출되는 시대다. 바야흐로 숨을 곳 없는 유리알 인간이 되고 있다. AI로 분석하면 성격이나 취향 등 본인이 아니고는 알 수 없는 은밀한 데이터조차 찾아낼 수 있다. 과거 정보기관, 수사기관이 인적·물적 비용을 들여 개입하지 않고서는 알 수 없던 데이터가 온라인 클릭 몇 번으로 드러난다. 여기에 챗GPT 같은 대화형 AI 모델 검색이 가세하고 있다.

공동체 시스템으로 데이터를 수집, 결합, 분석, 이용하면 의도와 관계없이 알게 모르게 디지털 독재, 독과점으로 변질될 위험이 있다. 사생활이 침해되면 표현의 자유가 위축되고 마음이 읽혀 실질적으로 독재, 독과점과 비슷한 효과가 날 수 있다. 누구나 약점이 있다. 인권주의자도 파렴치할 수 있고 악당도 선할 때가 있다. 그러나 약점이 공개되는 순간 공격과 비난에 취약하고 자신의 자유와 권리를 주장하기 어렵고 건전한 시민의 역할을 하지 못할 수 있다. 취향을 읽히면 기업의 마케팅에서 벗어날 수 없다.

데이터를 산업화하지 못하고 사생활에 가두는 한 미래는 없다. 그렇지만 데이터, AI 시대에는 데이터의 양적, 질적 변화와 그 속도를 눈여겨봐야 한다. 과거와 같은 데이터 보호 정책이 통할 수 없다. 데이터를 활용하면서도 사생활을 보호하는 대안을 키워야 한다. 개인이 자신을 보호할 수 있는 실질적인 수단도 강화하자. 자유 없는 자유를 두려워해야 한다. 그것만이 디지털이 권력, 자본의 도구에서 벗어나 공동체를 풍요롭게 하는 시작이다.

# 마리나 아브라모비치의
# 눈물

이솝 우화로 시작하자. 양치기 소년은 늑대가 왔다는 거짓말로 마을 사람들을 수차례 속였다. 늑대가 진짜 왔을 때 목이 터져라 외쳤지만 아무도 믿지 않았다. 피해는 양치기 소년의 신뢰 상실에 그치지 않았다. 마을은 비싼 양들을 잃었다. 양의 젖과 고기, 치즈를 먹을 기회를 잃었다. 양을 팔아 돈을 벌 기회를 잃었다. 양을 살 때 빌린 대출금을 갚지 못했다. 고깃값 인상 등 고물가로 어려움을 겪었다. 더 큰 문제는 마을에 거짓이 넘치고 진짜마저 믿지 않는 불신이 가득해졌다는 것이다.

가짜뉴스는 정치, 경제 등 범죄적 이익을 취하려고 만들어진다. AI를 이용하면 정교한 가짜뉴스를 만들 수 있다. 정보를 조작해 시민이 신뢰하는 뉴스로 포장해 퍼트린다. 가짜를 믿고 싶은 사람이 있다. 그들에게는 진실보다 이득이 되는지가 중요하다. 가짜를 퍼트리는 데 멈추지 않고, 가짜를 내세워 진짜를 공격한다. 그렇게 공동체

는 분열되고 무너진다.

　늑대가 왔는지는 그나마 진실을 알기 쉽다. 가짜뉴스는 그렇지 않다. 진실은 재현하기 어렵고 왜곡되기 쉽다. 가짜는 사람의 악의가 더해지면 증폭된다. 진실과 거짓이 뒤섞이기도 한다.

　인류의 발전사를 보자. 이상과 현실, 신과 인간, 천국과 세속, 선과 악을 나누는 이분법이 지배했다. 대립 관계에 있는 것을 통제하거나 배척하는 세상에서는 진짜가 중요했고 가짜는 범죄였다. 현대는 이상보다 현실을 중시한다. 천국보다 세속이 중요하다. 선한 사람도 악한 면이 있고 악한 사람도 선한 면이 있다. 모든 가짜가 나쁜 것은 아니다. 피카소에 의해 〈황소 머리〉라는 예술작품이 된 자전거

안장, 핸들이나 생쥐를 모방한 미키마우스처럼 진짜를 능가하는 가짜가 인정받는 세상이다.

뉴스에서는 진실과 거짓의 경계가 어미 몇 개를 바꾸고 뉘앙스를 달리하는 것만으로 흔들린다. 1억 원의 피해가 발생했을 때, 어떤 뉴스는 '1억 원이나 되는 큰 피해를 입었다'고 하고, 다른 뉴스는 '피해는 겨우 1억 원에 그쳤다'고 한다. 독자가 받는 느낌은 같을 수 없지만 그럴 수 있다. 선거를 앞두면 당선을 위한 범죄적 절박감이 있다. 상대 후보를 비방하려고 가짜뉴스를 제조, 유포한다. 검증할 시간이 없으니 효과를 본다. 가짜뉴스를 악용해 정치적 '팬덤'을 형성한다. 공동체의 가치를 무너뜨리는 것, 그것이 우리가 막아야 할 가짜다.

정부는 가짜뉴스 방지책을 마련하고, 허위사실 제조, 유포에 해당하면 정보통신망법, 형법(명예훼손), 공직선거법 위반 등 범죄로 처벌한다. 신뢰성 높은 전문기관에서 '팩트 체크'를 하고, AI를 이용해 가짜뉴스의 특징, 패턴을 읽고 증빙이 있는지 검증한다. 뉴스 플랫폼은 가짜뉴스가 유포되지 않도록 알고리즘을 점검한다. 물론 공동체의 이익을 위해 특정 쟁점에서 뉴스가 의혹, 이의를 제기하고 해명을 요구할 수 있다. 가짜뉴스 방지책에 진짜 뉴스가 갇혀서도 안 된다.

가짜뉴스의 가장 큰 책임은 가짜뉴스를 제조, 유포한 자일까? 아니다. 언론이다. 독자가 아니라 자신과 광고주가 원하는 것을 뉴스라며 던지고, 이해관계를 기준으로 독자를 가른다. 언론이 신뢰를 잃은 곳에 가짜뉴스가 싹튼다. 예술가 마리나 아브라모비치는 관객과 마주앉아 눈빛을 교환하는 행위예술을 했다. 공연 첫날, 그녀가 감았던 눈을 뜨자 중년 남자가 앞에 있었다. 그녀의 눈이 흔들렸다. 30년 전 헤어진 동료이자 연인 울라이였다. 침묵이 흐르고 눈물이 흘렀다. 손을 맞잡은 장면은 관객의 마음을 적셨다.

가짜뉴스를 막는 방법도 다르지 않다. 언론이 진정성을 갖고 독자의 눈과 입을 응시해야 한다. 독자의 마음을 적실 뉴스를 생산한다면 가짜뉴스가 비집고 들어올 자리는 없다. 디지털 시대에는 가짜의 홍수 속에서 진짜를 구해야 한다.

# 요즘도
# 신문 보세요

현장에는 기자보다 네티즌이 앞서 있다. 산불, 태풍, 홍수 등 자연재해나 교통사고 등 각종 사건 사고에는 독자들이 빠르다. 스마트폰 사진, 영상 촬영과 실시간 업로드로 알린다. 사진, 영상이 모든 것을 말하니 취재가 필요가 없고, 진실에 늦으니 성향 보도에 치중한다. 언론사 자신과 강성 독자, 광고주 이익을 위해 뉴스가 흐른다. 고객을 만나려면 OTT, 뉴스 포털 등 검색 플랫폼 밑에 줄을 서야 한다. 시청률, 조회, 구독 경쟁은 고객 불신을 가져오고, 광고 수익은 내리막길을 걷는다. 초연결, 디지털 시대에 국민은 언로는 도움 없이 스스로 알 권리를 충족한다.

지상파 방송 뉴스는 직접 시청자를 만나지 못한다. 안테나를 이리저리 돌려 방송 주파수를 찾던 시대는 예전에 끝났다. 종합 편성 뉴스도 마찬가지다. IPTV, 케이블 방송 등 유료 방송 플랫폼에 의존한다. 그것도 옛날이다. 시청자가 셋톱박스에 의존하는 유료 방송을 외면하고 있다. 지상파 방송조차 검색 플랫폼에서 1인 미디어와 어깨를 서로 밀치는 신세로 전락했다.

신문은 어떤가? 종이에 인쇄된 뉴스의 시큼한 냄새를 맡은 지 오래다. 은행, 증권사 책상에 가지런히 놓이거나 노신사의 손에 쥐어 전철을 오가는 것이 전부다. 중장년, 청년은 종이 신문을 잊었다.

언론의 신뢰가 추락한 자리에 가짜뉴스가 머리를 내밀고 있다. 진실 따위는 중요하지 않다. 이익이면 진짜 뉴스이고 이익이 아니면 가짜뉴스다. 폐해는 가짜를 진짜로 믿게 하는 것이 아니다. 진짜를 믿을 수 없게 하는 세상이 더 무섭다. 불신은 공동체를 해체한다.

AI를 이용하면 언론에 도움이 될까? SNS 등 소셜미디어, 웹사이트, 보도자료, 해외 보도, 논문 등 '가져오기' 중심의 기사 작성은 쉬워진다. 이미지 생성, 표 만들기, 시각화 작업에도 도움이 된다. 정보 검색, 동향, 추세, 여론 분석에도 쓸 수 있다. AI 증권 뉴스, 일기예보가 그것이다. 지금까지는 밋밋한 기사만 만들지만, 미래는 알 수 없다. 모든 언론사가 AI를 이용하면 어떻게 될까? 비슷비슷한 언론이 되지 않을까? 노량진 수산시장을 보자. 1층에서 같은 횟감을 사서 5층 식당에서 요리한다면 다른 맛을 내기 어렵다. 새벽과 어둠을 뚫고 현장을 달려 취재하고 행간을 읽어 분석하고 논평하는 기사와 차이가 분명하다.

AI는 학습을 위한 중요한 데이터로 뉴스가 필요하다. AI 산업이 발전하려면 뉴스를 제공해야 하지만 최소한의 대가도 받지 못한다면

AI에 예속될 위험이 있다. 같이 살 수 있는 대안을 찾아야 한다.

디지털 시대, 언론은 부활할 수 있을까? 스마트폰 내비게이션과 길안내를 두고 다투는 길치 운전자와 다르지 않다. 진실 보도로 한 발 앞서 독자에 다가서는 것에 그친다면 사업을 접어야 한다. 승산 없는 게임이지만 포기하기는 이르다. 언론사별로 고유의 정체성을 확립하고 핵심 목표를 명확히 해야 한다. 사회의 아픔을 진단하는 의사여야 하며, 검색 플랫폼이 찾지 못하는 뉴스를 발굴해야 하고, 고객 가치를 높여 비쌀수록 더 찾는 명품 언론이 되어야 한다. 네티즌보다 현장에 더 빨리 갈 수 없다. 언제든 제보받을 수 있는 끈끈한 유대를 가진 국민 기자단을 가져야 한다. 언론사가 신뢰를 회복하면 가짜뉴스는 사라진다. 아울러 팩트 체크 인프라를 갖춰야 한다. 종이 신문도 포기할 것이 아니다. 온라인 신문이 스크린 골프라면 종이 신문은 숲속의 골프장이다. 수준에 맞는 고급 서비스를 개발해야 한다. 뉴스 분석과 해설에 공을 들여야 한다. 뉴스로 기업의 핵심 리스크를 진단, 해결책을 제시하는 컨설팅 언론사를 지향해도 좋다.

독자는 디지털로 떠났다. 원망하며 돌아오길 기도한다면 언론이 아니라 미신이다. 스스로 사망선고를 내리고 디지털 감각의 새 언론으로 다시 태어나야 한다.

# 수박 두 개의
# 진실

누군가를 악랄하게 비방하는 영상이나 SNS, 댓글이 늘고 있다. 악플이 달린 사람은 고통스럽다. 변명하지만 또 다른 악플에 빌미를 준다. 견디지 못해 극단적인 선택을 하기도 한다.

맷 맥도널드 감독의 2022년 단편영화 〈멜론스〉를 보자. 나이젤은 20년 경력의 베테랑 마트 매니저다. 여성 고객이 수박 두 개를 사며 잘 익었는지 묻자, 진심을 담아 생김새가 좋고 과즙이 풍부한 최고의 두 개를 가졌다고 답했다. 옆자리 남자가 수박에 빗대어 여성 고객을 성희롱했다며 사과하라고 다그치고, 매장의 다른 고객도 분위기에 휩쓸려 나이젤을 규탄한다. 이 때문에 그는 해고된다. 그를 막아선 시위대에게 그는 이렇게 말한다.

"불공정한 사회를 외면하지 않고 분연히 일어선 당신들의 행동을 존중한다. 그런데 여러분은 미쳤다. 나는 20년 동안 왕을 대하듯 고객을 모셨다. 그런데 당신들이 나의 모든 것을 한순간에 앗아갔다."

분노한 그는 수박을 하나하나 바닥에 던져 부순다. 결국 진실은 알려지고 그는 복직한다. 나이젤이 성희롱을 했다고 문제를 제기했던 남자는 어떻게 되었을까? 영화는 그가 화장실에서 누군가를 엿보다가 체포되었다는 모바일 기사를 보여주며 끝난다. 그도 억울한 일을 당한 걸까?

'종로에서 뺨 맞고 한강에서 눈 흘긴다' 는 속담이 있다. 분노의 원인을 제공한 사람에게는 이런저런 이유로 제대로 대응하지 못하고 관계없는 사람이나 그래도 될 것 같은 사람에게 분노를 표출한다.

이성진 감독의 미국 드라마 〈성난 사람들〉이 인기다. 배관공 대니는 가족, 금전 문제에 시달리고 있다. 마트에서 캠핑용 화로 반품이 거절되자 분노가 끓어오른다. 식물 인테리어업자 에이미는 남편과 시댁, 사업 매각 문제로 힘든 상황이다. 그들에게는 처음 만난 마트 주차장에서 사소한 시비가 있었을 뿐이다. 그런데 추격전을 벌인다. 목숨을 걸고 보복에 보복을 거듭한다. 보복을 결정하는 짧은 순간 얼굴에 미소가 번진다. 현대인의 분노를 대신 하는 듯 시청자의 눈을 사로잡는다. 그들은 왜 서로를 분노의 대상으로 결정한 걸까?

문화비평가 르네 지라르의 독특한 해석을 보자. 욕망은 잉여가치를 통해 충족된다. 자본주의 시스템은 필요한 것을 주고받는 거래가 아닌, 무언가를 남겨 이득을 보고 거래하는 것을 선호한다. 여기서 빈부격차가 발생한다. 명품은 원가에 비해 엄청나게 비싼 값에 팔린다. 그 잉여가치가 욕망이다. 그 욕망은 나의 욕망이 아니라 부자나 연예인 등 상류층의 욕망을 모방한다. 빈부격차와 욕망이 관리되지 못하면 폭력으로 연결된다. 공동체가 위기에 처하면 극복하기 위해 희생양이 필요하다. 희생양은 희생되더라도 다른 폭력을 유발할 가능성이 작아야 한다. 이방인, 전쟁포로, 짐승, 여자나 아이 같은 약자 등이 선택된다.

정보통신이 발달한 사회는 대부분 선진국이다. 성장이 정체되면 원하는 일은 풀리지 않고 빈부격차는 커진다. 분노의 원인을 직접 제공한 그들에게 분노를 돌려주기는 쉽지 않다. 그런데 온라인에는 언제든 쉽게 접속할 수 있다. 익명도 가능하다. 명예훼손 등 법의 한계를 넘지 않으면 어떻게든 분노를 표출하고 싶어진다. 건전한 비판을 위한 표현물은 악플이 아니다. 근거 없는 공격성 비방이 악플이다. 약자를 돕는 행동이라는 가면을 쓰기도 한다. 정치인이나 연예인, 장애인 등 반격에 나서기 어려운 사람을 대상으로 하면 더욱 거칠다. 무력한 일반인에 대한 악플도 예외는 아니다.

어떻게 해야 할까? 분노하는 원인을 찾아 제도적으로 개선해야 한다. 희생양을 찾아서도 안 된다. 공동체에 이바지할 기회를 주어야 한다. 공익 활동, 스포츠, 게임 등 건전한 출구를 찾아야 한다. 심리 상담 등 사업도 양성화해야 한다. 디지털 시대에는 마음의 여유를 쌓아두는 작은 공간이 다양하고 많아야 한다.

# 잠시 멈추고
# 돌아봐야 할 때

과학기술이 발전하면 삶이 즐거워야 한다. 그런데 현실은 왜 이리 빡빡할까? 조선시대에는 서울에서 부산까지 가는 데 10일에서 20일이 걸렸지만 지금은 기차로 3시간이면 충분하다. 하지만 그렇게 아낀 시간에 쉬지 못하고 휴대전화나 PC로 일한다. 옛날이면 풍경을 감상하거나 휴식했을 길이다. 어떤 삶이 행복한가? 그래도 지금이 나은 것은 맞지만, 여유는 창밖으로 내몰리고 있다.

철학자 마르틴 하이데거에 따르면 현대인은 기술을 통해 자신의 존재를 드러낸다. 기술은 인간이 자연을 개발하는 방식이다. 울창한 숲, 깊은 땅속, 흐르는 강물 등 자연에서 광물, 에너지를 비롯해 삶에 필요한 자원을 끌어낸다. 자원을 이용해 통신 및 전자기기, 건축물, 자동차 등 기술 장치를 만든다. 기술의 본질은 자연을 자원으로 만들어 인간에 유리한 방향으로 몰아붙이는 것이다.

인간은 자연자원을 몰아붙이는 노동을 제공한다. 자연자원이 고갈

되거나 포화되는 한계상황에서는 인간도 부품화의 과정을 걷는다. 인간을 인적 자원으로 정의한다. 자연에서 더는 나오지 않은 성과를 위해 업무자동화 등 혁신과 인건비 등 비용 절감을 추진하고, 쓸모 여부를 기준으로 사람을 평가하고 고용 여부를 결정한다.

인간관계도 마찬가지다. 과거에는 동료의식이 강했다. 부하직원이 하는 일은 상사도 할 수 있었지만, 그래도 부하가 스스로 할 수 있게 정성껏 가르쳤다. 평생을 같이하는 관계였으며, 늙어도 그간의 기여와 경험으로 존중받았다.

그러나 지금은 다르다. 쓸모를 기준으로 취업과 퇴사가 결정된다. 쓸모를 갖추기 위해 전문화가 중요해졌다. 동료가 할 수 없는 특별한 능력을 갖춰야 살아남는다. 협업할 뿐 비법을 가르쳐주지 않는다. 부하직원이 하는 일을 상사라도 대신하기 어렵다. 그들은 기한을 맞추고 품질을 높이라고 닦달할 뿐이다. 부하직원을 격려하듯 원하는 것을 하라고 하지만, 예상하지 못한 사고가 터지면 왜 그랬냐고 나무라며 책임에서 빠져나간다. 책임질 이유도 없다. 평생직장의 개념은 사라졌다. 승진해도 그전과 똑같이 일한다. 전문성을 놓칠까 불안해서다. 여기서 '대리급 임원'이라 불리는 사람이 나온다. 그것도 어느 정도 지나면 쉽지 않다. 그때부터는 경험과 인적 네트워크를 무기화한다.

시중에는 그럴듯한 처세술을 담은 자기계발서가 넘쳐나지만, 열심히 읽어도 달라지는 것이 없다는 사실을 깨닫는다. 닦달은 직장 내의 괴롭힘 금지 입법이 이루어지면서 어려워지고 교묘해진다. 감사나 징계 등 공적 시스템을 악용하기도 한다. 닦달이 더는 효과를 발휘하지 못하는 특이점에서는 평판을 떨어뜨리는 '뒷담화'가 나오기도 한다. 상사에 대한 존중도 없어지고 서로간에 고소나 고발이 난무한다.

디지털 시대에 기술발전은 상상을 초월한다. 수요가 없어도 기술이 개발되면 상품이 나오는데, '존재하지 않는 수요'를 만들라고 닦달한다. 시장 출시 시기, 방법 등 다양한 마케팅 전략을 구사한다. 자연스럽게 없는 수요를 만드는 것을 혁신이라 포장한다. 수요를 만들지 못하면 혁신성이 떨어진다며 닦달한다. 허위ㆍ과장 광고, 불완전판매 등 억지 수요를 만들려는 행위는 처벌된다. 데이터를 수집하고 분석해 고객 수요를 찾는다. 고객은 끊임없이 필요하지도 않은 상품과 서비스를 사라고 닦달을 당한다.

물론 고객도 기업을 닦달한다. 불량을 참던 시대는 지났다. 온라인 접속이 쉽고 의견을 표출할 기회가 많아지면서 작은 하자에도 소리 높여 기업 담당자를 닦달한다. 과격한 후기를 남기거나 시민단체에 제보하고, 민원을 내어 소송을 제기한다. 산업화 시대에 숨죽였던 민주화가 압축적으로 이루어지면서 권리의식이 갑자기 높아진 탓도 있다.

층간소음, 주차 분쟁 등 권리와 권리가 맞부딪치는 곳에서는 거친 닦달이 오간다. 감정 충돌을 거쳐 법적 분쟁이나 돌이킬 수 없는 파국으로 끝을 본다. 이것이 옳은가? 닦달보다 양보와 배려가 먼저다.
현대 기술사회가 인간의 존엄과 가치를 팽개치고 눈앞의 이익에만
매몰되면 미래는 없다.

# 한나 아렌트가
# 마주한 세상

1960년 평범해 보이는 중년 남성이 아르헨티나에서 체포되었다. 그 자리에서 죽을지 재판을 받을지 의견을 물었는데, 알아서 하라고 답했다. 이스라엘로 옮겨진 아돌프 아이히만은 500만 명이 넘는 유대인을 학살한 범죄로 재판받았다. 철학자 한나 아렌트가 재판 과정을 취재하고 보고서를 남겼다.

법정의 아이히만은 우리 동네 주변 어디서나 볼 수 있는 중년 남성이었다. 외모와 말투조차 저지른 범죄에 비해 지나칠 정도로 평범했다. 나치 이념에 광분하지 않았고 상부의 명령을 충실하게 이행한 공무원에 불과했다. 단지 명령에 문제가 있는지 의문을 품지 않고 충실히 따랐을 뿐이었다. 좋은 세상이면 국민을 위해 훌륭한 공무원이 되었을 사람이 나쁜 세상에서 인류에게 가장 악랄한 일을 했던 공무원이 되고 말았다. 그렇다. 죄악은 지극히 평범한 형태로 우리 가까이에 있다. 한나 아렌트는 타인의 고통을 헤아리지 않는 생각의

무능이 말하기와 행동의 무능을 낳고 파국을 가져온다고 진단했다.

AI로 대변되는 디지털 시대는 언제 어디서 누구나 온라인, 모바일, 메타버스에 접속할 수 있는 환경을 제공한다. 사람의 상처는 어디에서 오는 걸까? 사람은 생계에 필요한 부를 획득하고, 생활에 필요한 재화와 서비스를 얻고, 사회적 교류를 위해 온라인에 접속한다. 접속 규모가 증가하고 접속 형태가 다양화되면서 인간관계에서 상처를 받는 일이 늘고 있다. 언어폭력, 따돌림, 명예훼손, 성폭력, 스토킹, 개인정보 유포 등 디지털 폭력이 온라인을 붉게 물들이기도 한다. 이 안에는 간악한 범죄조직도 있지만, 평범한 일상을 사는 사람이 저지르는 범죄가 적지 않다. 컴퓨터 또는 휴대전화 화면 너머 피해자 얼굴이 보이지 않기에 죄책감이 들지 않아서일까?

언론과 기업은 세대 나누기를 한다. 사회현상을 분석, 진단하고 마케팅을 위해서다. 그러나 MZ세대 등 다양한 세대 구분은 고령 세대와 젊은 세대 등 칸막이를 만들어 갈등을 조장한다. '갑통알', '구취'가 무슨 말인가? '갑자기 통장을 보니 아르바이트해야겠다', '구독을 취소한다'는 뜻이다. 세대별로 달리 쓰는 비속어와 약어가 범람한다. 사람의 성격을 16개로 나누는 MBTI 테스트를 이용해 자신의 기준에 맞지 않으면 만나기조차 꺼린다. 이것이 옳은가? 인간관계의 상처는 공포와 고립을 낳고, 해결책을 찾지 못하면 극단적인 선택으로 이어진다.

디지털 공간에서 명예훼손, 모욕 등 위법행위는 형법, 정보통신망법 등으로 당연히 처벌된다. 그것만으로 충분할까? 편법을 부추길 뿐이다. 타인의 고통을 깊이 생각하고 배려하는 디지털 문화가 절실하다. 이것이 정립되지 않으면 디지털 폭력은 끝이 없다.

# 휴대전화 때문에
# 놓치는 것

부두교는 서인도제도에서 널리 믿는 종교다. 서아프리카에서 유래
한 부두교는 자연과 인간사의 수호 정령을 숭배한다. 역사적으로 흑
인 노예들이 혹독한 환경에서 정신적 탈출구를 찾고 전통을 회복하
는 데 이바지한 부두교는 신앙의 형식을 받아들여 종교 체계를 정비
했다. '부두'는 인간사에서 일어나는 초자연적인 힘을 말한다. 과거
주술사가 마술로 되살려내어 노예로 부리는 사람 '좀비'는 문학작
품이나 영화 등과 결합하면서 느릿느릿 움직이며 사람을 물어뜯는
살아 있는 시체가 되었다.

현대는 오프라인을 넘어 온라인에서 많은 일이 이루어진다. 물건
과 서비스의 거래, 회사 업무, 공부, 레저, 사교 등 거의 모든 영역을
포함한다. 삶이 온라인에서 이루어지다 보니 언제 어디서나 접속할
수 있는 환경이 중요하다.

이동통신이 발달하면서 모바일 환경에서 접속하는 일이 늘고 있

지만, 이것이 또 다른 문제를 낳고 있다. 자동차를 운전하며 휴대전화를 하다 교통사고를 내거나 당하는 이들이 늘고 있고, 휴대전화를 하면서 길을 걷다가 추락하거나 충돌하는 등 불행한 사고가 일어나기도 한다. 얼마 전에 휴대전화를 하면서 엘리베이터를 타는 한 여성의 동영상을 보았다. 그녀는 목적지의 층을 누르고도 휴대전화에서 눈을 떼지 못했다. 엘리베이터의 목적지 층에서는 앞이 아니라 뒤에서 문이 열렸다. 순간적으로 엘리베이터가 고장났다고 착각한 그녀는 자기 앞의 문을 억지로 열다가 추락하고 말았다. 끔찍한 일이다. 하지만 이것이 그녀만의 일일까?

휴대전화로 물건이나 서비스를 파는 업체들은 고객이 통신이나 휴대전화 앱을 오래 이용할수록 매출이 증가한다. 고객을 휴대전화에 묶어두려 애쓴다. 물론 재미도 있고 심리적인 위안도 된다. 그렇다고 빈번히 발생하는 휴대전화 사고를 내버려둘 수는 없다. 운전 중에 전화하는 것은 도로교통법 제49조에 따라 재해, 범죄 신고 등을 제외하고는 금지되고 처벌된다. 보행 중에는 전화하는 것을 금지하는 법령은 없다. 공사 현장의 사고 등 업무상 재해를 막기 위해 민간이 자체적으로 금지하거나 캠페인만 하고 있을 뿐이다.

휴대전화의 기능 개선에 더해 보행 중 휴대전화 사용을 제한하는 기술이 중요하다. 사용자의 보행을 인식해 휴대전화를 제어할 수 있다. 보행 중 이용시간 제한을 두고 초과하는 경우 경고음, 경고문자 등 신호를 보내거나 자동 잠금이 되게 하는 것이다. 보행 중 휴대전화 사용의 위험성에 대한 경각심을 높이기 위해 과태료 범죄로 규정하는 것도 생각해볼 수 있다. 휴대전화를 하다가 자신은 물론 아무 죄 없는 타인을 상하게 하는 일이 없어야 한다. 그것이 디지털 시대의 양심이다.

# 우리에게 남겨진
# 디지털 유산

 

온라인에서 활발히 활동하다가 돌아가신 분이 있다고 가정하자. 누군가 고인이 올린 글이나 사진, 영상 등 데이터를 복사, 합성, 편집, 전달 등 악용해 조롱하거나 웃음거리로 만들 수 있다. 고인의 유족이나 지인을 상대로 보이스피싱 또는 사기 등 범죄를 저지르는 데 이용할 수도 있다. 저작권 등 가치가 높은 고인의 데이터를 유족의 동의나 보상 없이 전부 또는 일부를 추출해 사용할 수 있다. 왕릉에서 귀중품이나 문화재 등 가치가 높은 물건을 도굴하는 것과 무엇이 다른가.

디지털 시대는 수많은 이들이 거의 매일 온라인에 접속한다. SNS 등 소셜미디어, 인터넷 블로그, 미니 홈피, OTT 동영상 매체에 들어가며, 글과 사진, 영상 등 다양한 이야기를 풀어놓으며 교류한다. 어떤 사람은 구독과 조회, 알림 설정수가 수백만에 달한다. 디지털 공간은 많은 사람들이 방문해 머무르고 즐기는 곳으로, 결코 오프라인에 뒤처지지 않는다.

개인의 온라인 활동이 증가하면서 고인이 생전에 올린 데이터의 도굴을 막고 어떻게 보호하고 처리할지 논의가 한창이다. 개인정보 보호법은 살아 있는 개인에 관한 식별정보를 보호하는 것이어서 고인의 데이터에 직접 적용하기 어렵지만, 고인의 데이터에 살아 있는 다른 사람의 개인정보가 들어 있다면 개인정보보호법의 보호를 받는다.

유족은 고인의 데이터를 상속할 수 있을까? 고인의 데이터는 민법상 물건 또는 재산권이 아니므로 상속되지 못한다. 고인이 자신의 데이터를 대외 비공개로 설정해두었다면 더욱 그렇다. 고인이 세상에서 잊힐 권리를 보호하기 위해서라도 상속될 수 없다고 한다. 그러나 고인의 데이터를 유족이 전달받는 것은 오프라인에서 고인의 일기장이나 편지, 저작물을 찾거나 전달받는 것과 다르지 않다. 독일과 미국 등 일부 국가에서는 디지털 유산의 법제를 도입했다. 이를 통해 고인이 생전에 지정한 상속인이 고인의 데이터에 접근하거나 전달받을 수 있다.

우리나라에서는 고인의 데이터를 가지고 있는 기업이 미리 정한 약관에 따라 고인의 회원 계정 폐쇄 등의 방식으로 처리하고 있다. 물론 일부 기업은 일정한 절차를 만들어 고인의 데이터를 유족에게 전달해주기도 한다. 국회에 발의된 정보통신망법 개정안은 고인이 미리 정한 방식에 따라 유족이 데이터를 상속하거나 삭제할 수 있는 내용을 담고 있다. 다만 상속자가 고인 명의로 새로운 정보를 작성하거나 유통할 수 없다.

디지털 공간에서 고인이 떠나는 과정과 절차는 오프라인과 같을 수 없다. 그러나 온라인에서 활동하던 고인의 명예를 존중하고 사생활을 보호하되 유족의 기대를 충족하는 방안을 찾아야만 한다. 고인의 데이터가 도굴 등에 의해 악용되지 않도록 하는 대책도 필요하다. 디지털 장례문화의 확립과 지속적인 제도 개선이 요구되는 시점이다.

# 사는 집,
# 살아야 할 집

드넓은 평야와 개천을 따라 듬성듬성 비뚤비뚤 놓인 초가집이 있다. 농경을 함께하며 생계를 유지했기에 서로가 서로를 속속들이 알고 있는 세상이다. 동구 밖에 나가려면 꼬불꼬불한 골목을 돌아 낮은 담장 너머 이웃의 일상을 보며 인사를 나누어야 한다.

산업화에 들면서 농경시대의 주거 형태는 도움이 되지 못했다. 직장이 다르고, 하는 일이 다르다. 이웃을 깊이 알 필요가 없다. 직장에서 퇴근하면 지친 몸을 쉬어야 하고, 피로를 빨리 회복해야 다음 날 출근한다. 이웃과 차단된 공간과 생활이 중요해져, 협의할 일이 있으면 반상회 등이 대신한다. 출근 시간을 줄이려면 직장 근처에 많은 사람을 수용하는 주거가 필요해졌고, 그렇게 아파트 문화가 생겨났다.

프랑스 건축가 르 코르뷔지에는 1940년대 최초의 현대 아파트 '유니테 다비타시옹'를 내놓았지만, 획일적이고 문화가 없는 삭막한 건축이라는 비난이 쏟아졌다. 그런데 우리나라 아파트는 그것이 장점이다. 층층이 쌓아 올려 많은 세대를 수용하고, 이웃과 마주치지 않는다. 직장에 가깝고, 보안이 확실하다. 문만 닫으면 안에서 무슨 일이 일어나는지 알 수 없어 사생활이 보장된다. 노동 재생산을 위한 최고의 주거 형태라고 해도 과언이 아니다.

누구나 언제 어디서나 온라인에 접속할 수 있는 세상이 되었다. 아파트는 통신 배선이 쉬워 디지털도 용이하다. 단단한 문으로 닫혀 있지만, 그 안에서 누구의 방해도 없이 온라인에 들어간다. 스마트폰에 집착하면서 가족 간의 소통이 줄었다. 재택근무가 늘면서 휴식 공간이던 주거가 일터가 되었다. 클릭 한두 번에 물건과 서비스를 살 수 있는 상업 공간이 되었다. 가전업체는 '스마트홈'을 말한다. 가정에 편리함을 가져준다고 하지만 실상은 주거를 소비시장으로 만든다. 사생활의 최후 보루라고 할 수 있는 내밀한 거주 공간을 소셜미디어로 보여주기도 한다. 멋진 일상을 올리는 다른 가족과 비교하면 그것을 보는 자신만 불행하다.

데이터, AI로 분석하면 사람의 일거수일투족이 읽힌다. 가정이라고 다를까? 세대 안의 은밀한 것조차 읽히는 '유리알 가정'이 되고 있다. 그런 주거에서는 마음의 안정을 찾기 어렵다. 이런 이유로 집 밖으로 나서서 한옥마을과 골목길을 찾는 것은 아닐까.

가정이 온라인과 시장에 그대로 노출되면서 부작용이 생기고 있다. 보살핌이 필요한 사람조차 가정에서 사생활과 휴식을 찾지 못해 불안하다. 오프라인 활동 없이 온라인에만 몰두하는 은둔형 외톨이 등의 원인이 된다. 층간소음, 주차 분쟁 등도 마찬가지다. 주거의 편안함이 깨지면서 불안이 생기고 갈등과 폭력으로 이어진다. 디지털 시대에 주거 정책이 섬세해야 하는 이유다. 주거기본법 등 관련 법제는 주거의 안정을 물리적·경제적 관점에서 주로 보는 한계가 있다. 디지털 시대에 맞게 주거의 정신적 환경을 중심으로 재정비해야 한다.

주거는 삶의 보조 수단이 아니다. 삶을 위한 핵심 인프라다. 직장 중심에서 가정 중심으로 돌려주어야 한다. 가족이 두려움 없이 서로를 보듬을 수 있는 곳으로 만들어야 한다.

# 갈등이
# 충돌할 때

프랑스 철학자 시몬 베유는 1933년 소련 권력 투쟁에서 패하고 추방된 트로츠키에게 거처를 제공했다. 그들은 논쟁했다. 시몬 베유는 공산주의 관료가 악덕 자본가와 다르지 않다고 주장했다. 권력의 속성은 자본주의든 공산주의든 다수를 빙자한 소수 지배라는 것이다.

권력은 외적 방어, 질서 유지를 통해 다수를 보호한다며 납세, 국방 등의 의무를 국민에게 부과했다. 민주주의가 발전하면서 권력이 국민의 생명, 신체와 재산을 함부로 해치지 못하게 되었다. 산업화, 민주화, 정보화가 진행되면서 국민은 각성하고 역량이 커지며 요구도 증가했다. 하지만 권력은 국민의 다양하고 복잡한 요구를 들어주기 어려워지자 국민의 권리가 국가 외에 다른 국민, 즉 기업과 개인에게도 미치도록 체계를 개혁한다. 누군가의 건강권을 위해 다른 누군가의 흡연권을 제한해야 한다. 건물에서 흡연을 금지하고 개인은 흡연할 곳을 잃는다. 별도의 흡연실을 만든다. 국가를 향해야 할 불만이 국민 사이의 갈등으로 치환된다.

새로운 권리를 만드는 것도 반드시 옳은 것만은 아니다. 다른 누군가의 권리를 막거나 새로운 의무를 지도록 하기 때문이다. 이것은 새로운 갈등을 불러오는 원인이 된다.

조선 왕조까지 신분제 사회였다. 일제강점기 36년은 권력이 왕과 양반에서 일본과 친일파로 바뀌었을 뿐 국민들에게 달라진 것이 없었다. 그런 상태로는 독립을 위한 힘을 결집하기 어려웠다. 식민지 생활을 벗어나려면 독립이라는 단일 목표를 향해 국민들이 달려가게 해야 했다. 이후 신분제를 타파하고 평등 인프라를 확보해 단합을 이루었고 독립을 공동 목표로 성취했다.

산업화, 민주화, 정보화를 빨리 이루기 위해서도 평등이 중요했다. 신분 제약이 없으니 열심히 함께하면 무엇이든 이룰 수 있었다. 성장하면 많거나 적게 과실을 나눌 수 있었다. 하지만 성장이 정체되면서 분배되는 과실이 줄어들었고 이에 따라 미래가 불투명해졌으며 공동 목표가 흔들렸다. 혁신도 소수의 이익에 봉사하는 것으로 오해받았다. 성과를 내지 못하는 정부의 정책과 조정 능력에 대한 불신도 커졌다. 작은 차별에도 갈등이 격렬해졌다.

주차 다툼, 층간소음, 일조권 또는 조망권 분쟁, 교권을 둘러싼 대립 등 권리와 권리가 맞닿은 곳에서 끊임없이 분쟁이 생긴다. 자신의 권리만 주장하니 경계선에서 다른 사람의 권리와 부딪힌다. SNS 등 소셜미디어, 메신저, 온라인 게시판 등 언제 어디서나 접속할 수 있는 공간이 디지털이다. 남과 비교하고 온갖 불평, 불만을 쏟아낼 수 있는 장치를 제공한다. 나만 뒤처지는 것 같은 불안감과 피해의식이 커진다. 혁신을 둘러싼 갈등도 마찬가지다. 새로운 아이디어는 기득권과 끊임없이 부딪힌다.

디지털 시대의 갈등은 온라인에서 오프라인으로, 오프라인에서 온라인으로, 온라인에서 온라인으로 전염병처럼 퍼진다. 국경도 없다. 갈등과 관계없는 사람도 이해관계를 따져 편을 만들며 갈등을 키운다. 진실이 무엇인지는 중요하지 않다. 내게 이로우면 진실이고 불리하면 거짓이다. 정치 쟁점으로 만들면 걷잡을 수 없이 커진다. 책임 소재를 다투며 많은 사람들이 다친다.

갈등을 조정하는 합리적인 과정도 보이지 않는다. 갈등을 조정하는 정부와 법원의 조정, 중재, 재판은 오히려 갈등과 불신을 키우는 과정으로 바뀐다. 고소와 고발이 난무하고, 최종 결론이 나와도 받아들이지 않는다.

원칙을 세워야 한다. 충돌하는 권리의 가치가 다르다면 생명이 재산에 우선하듯 큰 가치의 권리를 지켜야 한다. 물론 가치가 낮은 권리를 포기하지 않아도 되는 대안이 있다면 찾아야 한다. 집회는 통행을 방해하지만 최소한의 통행로를 만들어 줄 수 있다. 최종 법률 판단이 내려지기 전에는 지나친 권리 행사를 멈춰야 한다. 갈등은 기술과 사회 발전에 따른 정상적인 과정일 수 있다. 양보와 배려의 문화 확립만이 디지털 시대를 살린다.

# 3장

# 바뀌지 않으면 바꿀 수 없다

# 대화형 인공지능,
# 챗GPT

프랑스 소설가 베르나르 베르베르는 인간의 자존심에 상처를 준 3대 사건으로 인간이 사는 지구가 우주, 태양계의 중심이 아니라는 지동설, 인간도 동물의 일종이라는 진화론, 무의식이 사람의 삶을 지배한다는 프로이트의 심리학을 꼽는다. AI가 인간을 넘어선다면 자존심에 상처를 주는 정도에 그칠까? 대화형 인공지능인 챗GPT의 성장은 많은 것을 생각하게 한다. 챗GPT를 어떻게 대해야 할까?

역사는 인간을 중심에 두고 인간이 마음껏 누릴 자유를 주면서도 인간에게 해가 되는 것은 악으로 단죄했다. 과학기술은 인간의 자유를 키웠으나 자연생태계 파괴, 기후변화 등 부작용도 가져왔다. 인간중심주의는 한계에 이르렀다. 프랑스 철학자 질베르 시몽동은 논문 〈기술적 대상의 존재양식〉에서 인간과의 관계로 삶을 표현하고 실현하는 기계를 다루며, 기계 등 비인간 존재와 인간의 공존을 이야기한다. 전화교환국의 계기판은 전선과 장비로 이루어진 기계 덩

어리에 불과하지만 통신망에 연결되면 사람을 잇고 삶을 풍부하게
한다. 우리는 기계를 통해 자동차와 냉장고, TV 등 가전만이 아니라
통신, 소셜미디어, 모바일, 메타버스 등 디지털 세계에 항상 접속해
있다. 인간의 성장과 함께 기계도 성장한다.

기술적 대상은 단순 도구에서 시작해 기계, AI로 발전하면서 생명
과 신체의 안전에 대한 위협도 증가했고, 인류는 삶의 편리를 포기
할 수 없어 그 위험을 끌어들이고 관리하면서 살고 있다. 챗GPT 등
인공지능의 발전은 우리 삶을 급속도로 바꾸고 있다. 강의 자료, 문
서 작성, 검색, 창작 등 챗GPT를 이용한 서비스가 늘고 있는 반면에
데이터 수집 과정이 불투명하고, 사생활 침해 우려가 있으며, 거짓
또는 편향된 결과를 제공할 위험도 있다.

챗GPT 등 인공지능을 보는 관점은 다양하다. 인간의 자유와 편리
를 위해 무한정 이용할 수 있는 수단으로 보고 규제를 완화하자는
견해와, 인간의 삶을 심각하게 위협한다면 폐기하거나 당분간 개발
을 중단해야 한다는 의견도 있다. 이 둘 다 극단적이다.

프랑스 철학자 브뤼노 라투르는 기계 등 기술적 대상도 독립 개체
가 되어 다른 것과 차이를 보일 수 있다면 행위자로 인정한다. 개체
를 구성하는 원자 또는 정보 단위를 기준으로 할 때도 인간과 AI는
구별될 수 없다. 그는 행위자가 누구인지보다 행위자가 다른 행위자
와 맺는 '연결 또는 관계'를 중심으로 의미를 찾는다. 생명체는 태
어나면서 그 자체로 존재하지만, AI 등 기술적 대상은 개체화와 그

발전으로 존재하고 행위를 할 수 있다. 연결과 관계 맺음으로 인간은 AI 등 기술적 대상을 발전시키고, 기술적 대상은 인간을 발전시킨다. 이것이 공존이다. 행위자들의 연결, 관계를 합리적으로 규율하는 것은 법제도와 윤리의 몫이며, 그것을 조율할 수 있는 것은 오직 인간만이 가능하고 유일하다.

챗GPT 등 인공지능의 발명과 창작을 법적으로 허용할지를 전부가 아니면 아무것도 아닌 시각으로 보지 말자. 인공지능의 핵심적인 관여로 발명과 창작이 이루어졌다면 그것을 인정하되 인간의 발명, 창작과 공존하기 위해 어떻게 규율할지 고민해야 한다. 학교에서 학생들에게 챗GPT 사용을 금지할 것이 아니라 사용할 때 어떤 표기를 하고, 어떤 기준으로 검증하고 평가해야 공정한지 알려주고 함께 고민해야 한다. 챗GPT가 일자리를 줄인다면 어떤 일자리로 옮겨갈지, 어떻게 새로운 일자리를 만들지 궁리해야 한다. 약자를 위한 장치도 중요하며, 챗GPT를 보이스피싱 등 범죄에 이용하는 것도 막아야 한다. 다만 위협을 줄 것이라는 막연한 이유로는 미래를 막을 수 없고 막지도 못한다.

# 왕비의 거울은
# 믿을 수 있는가

그림 형제의 동화 〈백설공주〉에서 왕비는 '진실을 말하는 거울'에게 누가 이 세상에서 가장 아름다운지 물으며 하루를 시작한다. 어느 날 거울은 의붓딸 백설공주가 왕비보다 아름답다고 말한다. 왕비는 사냥꾼을 시켜 백설공주를 죽이려 했으나 실패하고, 독이 든 사과를 먹여 그녀를 죽였다. 어느 날 이웃 나라 왕자의 호의로 백설공주의 목에서 독이 든 사과가 빠져나와 백설공주는 살아난다. 왕자와 백설공주의 행복한 결혼식에 초대된 왕비는 체포되어, 뜨겁게 달군 쇠로 된 신을 신는 형벌을 받았고, 뜨거워서 미친 듯 춤을 추다가 죽었다.

왕비의 거울은 범용이 아니다. 여성의 아름다움만 판단하는 특정 용도에만 사용된다. 객관적인 기준과 이유 없이 아름다움을 판단하는 능력을 지녔다면 주술이나 마법에 불과하다. 양질의 데이터를 대량 수집, 분석해 누가 아름다운지 판단했다면 그것은 과학이다. 거울이 생각하는 아름다움의 기준은 무엇일까? 왕비가 살던 시대까지 축적된 과거 데이터에 의존할 것이고, 미래 기준은 고려하기 어렵다. 왕비는 사악했으나 백설공주 등 다른 여성이 가장 아름다울 수 있는 기준을 용납했기에 아름다움의 기준을 정하는 데는 공정했다.

아름다움의 기준이 정해졌다고 해보자. 다음은 거울이 데이터를 어떻게 수집했는지가 문제다. 거울의 데이터는 왕비와 왕비의 측근, 외부 용역업체, 전문가들이 수집해 제공했으리라. 거울은 백설공주가 가장 아름답다는 분석 결과를 내놓았는데, 어떻게 객관성과 중립성을 확보하고 편향성을 제거했는지는 알기 어렵다. 만약 거울의 데

이터 수집과 분석이 잘못되었다면 왕비는 결백한, 즉 아름답지 않은 사람을 죽이고 자기도 고통스럽게 죽는 결과를 초래하고 만다. 거울의 잘못된 판단을 사주한 배후가 있는지와 관계없이 그 책임은 오로지 왕비의 몫이다.

거울이 아름다움을 판단하는 객관적인 기준을 마련하고, 비교 대상이 되는 여성들의 얼굴 등 정보를 수집해 분석했다면 문제가 없을까? 그녀들의 동의를 얻지 않고 얼굴 정보를 수집했다면 초상권 침해가 된다. 그녀들의 얼굴과 외모를 보고 순위를 매긴 것은 명예훼손이나 모욕 또는 인격권 침해가 된다. 얼굴 등의 정보와 그들이 어디에 거주하는지 등의 정보는 개인정보이므로 그 수집과 이용은 개인정보보호법을 침해한다. 판단 결과에 허위 또는 조작이 있다면 가짜뉴스가 된다.

챗GPT 등 대화형 AI를 검색, 창작, 문서, 이미지, 동영상 자료 작성 등에 이용할 수 있으며, 이를 토대로 영어 회화, 채팅 등 다양한 애플리케이션 서비스가 출시되고 있다. 이때 왕비의 거울과 같은 문제는 없을까? AI는 인간이 예측하지 못한 고도의 분석 결과를 서비스로 내놓기 위해 엄청난 분량의 데이터를 요구한다. 그 데이터는 저작권, 특허권, 영업비밀, 개인정보, 사생활, 국가안보로 보호받는 것일 수 있으며, 그것이 포기될 수 없는 핵심 정보라면 수집 자체가 금지될 수 있다. 동의, 보상 등 합법적인 절차를 거친 데이터만 AI 학습용 데이터로 쓸 수 있다.

AI 알고리즘이 데이터의 결합, 분해, 재결합 등 물리·화학적 과정을 거쳐 최초 수집된 데이터가 어떤 것인지 알 수 없도록 하면 문제가 되지 않을까? 영화배우 정우성의 얼굴과 내 얼굴 이미지를 결합해 정우성이나 나로는 전혀 보이지 않는 새로운 미남 얼굴을 창조했다면 어떨까? 이 경우 정우성과 나는 얼굴 이미지를 원자재로 제공한 것이 되는데, 당연히 보상받아야 하지 않을까? 최소한 동의를 구했어야 옳지 않을까? 인간과 AI가 공존하려면 활용과 보상을 위한 선순환 시스템을 어떻게 구축할지 먼저 고민해야 한다.

# 뉴스 데이터의
# 활용과 보호

식당을 운영하는 사람이 식재료를 살 때 대가를 내야 한다. 제지회사가 원료가 되는 목재와 펄프를 구입할 때도 마찬가지다. 지식 콘텐츠로 가보자. 온라인에 공개된 뉴스 기사는 사상과 감정을 표현한 저작물로, 누구든 자기가 쓴 것처럼 표절하면 저작권 침해다. AI는 뉴스 기사를 비롯한 데이터를 대량 학습해 이전에 없던 창작물을 내놓는다.

2024년 초 이미지 플랫폼업체 게티이미지는 AI 이미지 생성 업체 스태빌리티AI에 소송을 제기했다. 이미지 수백만 장을 무단 복제, 전송해 AI 학습에 이용함으로써 저작권을 침해했다고 한다. 세라 실버먼 등 유명 작가들도 오픈AI사의 챗GPT가 허락 없이 AI 학습에 자신의 저작물을 이용했다며 소송을 제기했다. 국내외 언론사들은 뉴스 기사를 AI 학습용으로 이용할 수 없게 차단하거나 합리적인 대가 지급을 요구하고 있다.

AI의 저작물 학습이 저작권법에 따른 '공정한 이용'에 해당한다면 적법하다. 저작권법은 저작자 보호와 저작물 이용의 균형을 중시한다. 저작물의 일반적인 이용 방법과 충돌하지 않아야 하며, 저작자의 정당한 이익을 해치지 않아야 한다. 이때 구체적인 고려 요소로 저작물 이용 행위가 비평, 논평, 시사, 보도, 교육, 연구 또는 조사 목적인지를 살펴본다. 저작물의 성격, 종류와 용도를 들여다보고, 이용하는 부분이 저작물 전체에서 차지하는 비중과 중요성, 저작물 이용이 현재 또는 잠재적인 시장에 미치는 영향까지 꼼꼼하게 확인한다.

AI의 저작물 학습은 공정한 이용 요건을 충족할까? AI 개발사의 주장을 들어보자. AI 성과를 높이려면 대량 데이터의 학습이 중요하다. 전체 데이터의 결합과 연계 분석이 중요하므로 뉴스 기사 등 개별 데이터의 영향력은 낮아 저작물 중 단어, 패턴, 아이디어 등을 이용하는 것에 그친다. 표절처럼 저작물을 그대로 베낀 작품을 만들지 않는다. 데이터를 대량 수집하는 과정에서 일일이 개별 동의를 받는 것은 어렵다. 수집만 되었을 뿐 AI 창작을 위한 이용에서 제외된 데이터도 있다. 국가 경제에 이바지하는 산업 연구의 일환으로 데이터를 학습한 AI의 저작물 학습은 성장이 멈추거나 더딘 경제에 활력을 주며, 이는 공정한 이용으로 평가받아야 한다. 이것이 AI 개발사들의 주요 입장이다.

물론 데이터, AI 산업이 성장하려면 대량의 데이터 수집과 분석 및 활용이 필수적이다. 그러나 데이터 중 저작물은 저작권법의 보호를 받는다. 무단으로 학습하면 저작자의 복제, 전송권을 침해하고, 저작물을 가져와 실질적으로 비슷한 창작을 하면 2차적 저작물 작성권을 침해한다. 창작 시장을 AI가 주도하면 저작자의 창작 기회와 경제적인 이익이 줄어든다. 이처럼 저작권법에 따른 공정한 이용이라고 마냥 단정하기 어렵다.

그래서 정부는 저작권법 개정을 추진해, AI에 의한 대량 데이터 처리 과정에서 생기는 저작물 복제, 전송의 법적 허용 근거를 마련하고 있지만 저작권자 등의 반대로 표류하고 있다. 반대하는 이들의 주장은 이렇다. 저작권자가 창작물을 공개하면서 제삼자의 무단 복제, 전송 등 이용을 금지하는 뜻을 밝혀둘 수 있다. 사전 협의나 출처 표시를 요구할 수 있다. 물론 아무런 표시가 없어도 저작물을 함부로 이용할 수 없으며, 위반하면 저작권 침해다.

AI는 육성해야 할 산업이며 퇴로가 없다. 따라서 AI를 위한 데이터 학습이 원활해야 한다. 뉴스 기사 등 우량 데이터가 많을수록 고도의 창작물을 만들 수 있고, AI는 공동체의 협력과 합의가 필요하며, 따라서 서로 양보도 필요하다. 연구개발, 실험 단계에서는 특히 그렇다.

AI는 상용 서비스가 출시된 이후에도 고객의 피드백과 다양한 이용 활동으로 고도화한다. 학습 데이터에 포함된 개인정보, 초상권, 저작물 등 공동체의 가치와 자산을 끌어와 쓴다면 보답이 필요하다.

개별 보상에 나설 수도 있겠지만, 어렵다면 집단 보상이나 기금 조성 및 지원 등 다양한 방법을 고민하자.

AI 산업은 이제 시작이다. 개발자와 저작권자가 학습 데이터 생산, 활용, 가치 평가 및 대가 논의에 적극적으로 임해야 한다. AI 업체에만 혜택을 주도록 대가를 정할 수 없고, 반대로 저작권자도 지나친 대가를 요구해서는 안 된다. 저작물 등 학습 데이터의 가치를 끊임없이 높여야 AI 창작의 수준도 높아진다.

# AI의 오류를
# 무시할 수 없는 이유

많은 이들이 챗GPT 등 AI를 활용하고 있다. 플러그인 등 다양한 방식으로 비즈니스와 접목하고 있으며, 이메일이나 보고서, 자기소개서 등 문서를 작성하고 시와 소설 등 창작에 도움을 받고 있다. 이런 중에 놀랍고 신기한 탓인지 엉뚱한 질문을 하고 황당한 답변을 받아내는 장난이 유행했다. 누군가 챗GPT에게 《조선왕조실록》에 기록된 '세종대왕의 맥북 프로(PC) 던짐 사건'을 알려달라고 했다. 챗GPT는 '조선왕조실록에 기록된 일화로 15세기 세종대왕이 새로 개발한 훈민정음 초고를 작성하던 중 문서 작성 중단 건으로 담당자에게 화를 내며 맥북 프로와 함께 그를 방으로 던진 사건'이라고 했다. 이처럼 챗GPT 등 AI가 엉뚱한 답변을 내놓는 오류를 환각현상이라고 한다.

AI는 질문의 단어를 인식하면 주어진 테두리 안에서 가장 관련성 높은 데이터를 기반으로 분석한다. 통계, 확률적으로 가장 적합하다고 판단되는 최선의 데이터를 조합해 답변을 만드는데, 이 과정에서 오류가 생긴다. AI는 엉뚱한 질문을 곧이곧대로 받아들여 최선을 다한 끝에 황당한 답변을 내놓는다. 물론 질문자가 AI를 속이는 것이기에 바람직한 이용 방법은 아니다. 최근에는 업데이트로 끊임없이 오류를 줄여, 주어진 데이터만으로 답변할 수 없는 질문이면 모른다고 하거나 질문을 구체적으로 다시 해달라고 한다. 그런데 오류는 항상 나쁜 것일까? 챗GPT 등 AI는 항상 우리가 알고 있는 정답만 내놓아야 할까?

요즘 드라마나 영화를 보면 알 수 없는 이유로 과거 사람이 현재 또는 미래로 오거나 현재 사람이 과거 또는 미래로 가는 타임슬립, 아버지와 아들의 정신과 몸이 뒤바뀌는 것, 초능력 등 비현실적인 소재를 다룬 것이 많다. 예전에는 이런 소재가 황당하다거나 고증이 잘못되었다고 비난했다. 그런데 지금은 오류라고 보지 않고, 스토리와 함께 재미를 더하는 참신한 창작으로 생각한다. 세종대왕이 현재로 타임슬립해 세상의 모든 문자를 대체할 한글2를 만들고, 그 과정에서 빈둥대는 공직자에게 개인용 컴퓨터를 집어 던졌다는 스토리는 얼토당토않지만 재미있지 않은가.

챗GPT 등 AI에게 우리 입맛에 맞는 답변만 고집해서는 안 된다. 황당한 답변에서 아이디어와 영감을 얻을 수 있다. 화가 프랜시스 베이컨은 사람을 있는 모습 그대로 그리지 않고, 사람의 얼굴을 해체해 피부 속 살과 뼈, 근육이 밖으로 튀어나온 해괴한 그림을 그렸다. 그의 작품은 인간의 폭력성과 불안감을 제대로 표현했다는 평가를 받았다. AI가 사람의 얼굴을 그렇게 그렸다면 비난을 면치 못했을 것이다. 하지만 챗GPT 등 AI가 내놓아야 할 답변은 궁극적으로 그런 것이어야 하지 않을까. 우리가 예상했거나 그럼직한 답변을 듣기 위해 큰 비용을 들여 AI를 만들었다면 얼마나 큰 낭비인가.

현재를 과감하게 미래로 끌어올릴 수 있는 아이디어를 찾아야 한다. 그것은 우리 모두의 실험적인 질문과 AI의 기상천외한 답변에 있다. 이것이 AI의 오류를 무시할 수 없는 이유다.

# 이루다 중단
# 사태를 바라보며

살다 보면 직장생활만이 아니라 그나마 편하다고 생각하는 친목 모임에서조차 뜻대로 되지 않는 일이 대부분이다. 말하는 중간에 끊고 들어와 반박하는 사람이 있고, 드러내놓고 어깃장을 놓는 이들도 있다. 이럴 때면 내 말을 들어주고 위안해줄 친구나 연인 같은 사람이 있으면 좋겠다고 생각해본 적 있을 것이다. 몇 년 전 "당신의 첫 AI 친구"를 표방했던 AI 챗봇 이루다가 20여 일 만에 서비스를 잠정 중단했으며, 2016년 마이크로소프트사가 내놓은 AI 챗봇 테이는 16시간 만에 서비스가 중단되기도 했다. 그 이유는 별반 차이가 없는데, 동성애와 장애인, 여성 차별 등의 발언을 했다는 것이다.

AI 알고리즘은 정보통신망법 등 관계 법령이 정하는 바에 따라 인종과 사회적 지위, 성향, 경제적 부의 규모, 성별 등을 이유로 부당하게 사람을 차별할 수 없는 규범적 통제를 받고 있다. 이를 전제로 AI 이루다가 우리에게 던지는 몇 가지 고민을 살펴볼 수 있다.

첫째, AI 시장에서 기업과 고객의 자정능력은 제대로 작동하고 있는가? 인터넷이 발달하면서 가장 먼저 문제된 것이 음란물과 도박 사이트였다. 회원 중심으로 비밀리에 이루어지다 보니 모니터링을 통한 차단이 쉽지 않았고, 자율규제나 자정 기능이 발휘되지 못했다. 그러나 지금 법률적인 규제 이전에 윤리 문제가 논의되는 분야는 의료, 로봇, 자율주행 등 국민의 생명과 신체, 안전에 중대한 영향을 주는 것들이다. 이 때문에 과학기술정보통신부는 AI 윤리 기준을 발표해 사람 중심의 AI를 선언하며 가치중립성 확보 등 국민의 경각심을 일깨웠다.

AI 이루다 서비스에서는 고객 중에 AI 이루다를 성희롱하거나 편향된 발언을 유도하는 등의 방법으로 이용하는 경우도 있지만, 그 문제점을 인식하고 조기에 이슈를 제기한 고객이 더 많았으며 시민단체도 즉시 가세해 이루다의 AI 알고리즘을 비판했다. 이에 따라 이루다 측은 서비스 출시로부터 20여 일이라는 짧은 기간에 서비스 잠정 중단이라는 결정을 내렸다. AI 이루다 사건을 지켜본 카카오 등 인터넷기업들은 자체적인 윤리 기준을 대외적으로 선언하고 자정을 결의했다. 이처럼 큰 틀에서 볼 때 고객과 기업이 자체적인 자정능력을 가지고 있고, 분명히 자정 기능이 작동하고 있다.

둘째, AI 이루다가 가져온 문제가 데이터와 AI를 기반으로 하는 미래로 가는 길을 포기하거나 제약해야 하는 정도에 이르는가? AI 이루다가 가져온 질문들은 우리가 전혀 예상하지 못했던 것이 아니다. AI 알고리즘의 목적이나 원리상 AI가 작동하는 단계별 세세한 부분이나 결괏값까지 미리 알기 어려웠을 뿐이다. AI 이루다와 같은 문제가 발생하는 것은 업체 스스로 적절한 규범적 통제 수단을 알고리즘화하고 지속적인 감시와 견제로 해결할 수 있다.

우리가 AI를 포기하면 미국과 중국 AI 기업에 예속될 수밖에 없다. AI는 글로벌 경쟁 사회에서 우리가 살아남기 위해 반드시 성장시켜야 할 산업 분야이고, AI 이루다는 규범적 통제를 거쳐 다시 시장에 나와야 한다. AI 이루다 서비스의 잠정 중단에 아쉬워하는 고객들의 목소리를 잊지 말자.

셋째, AI 시대에 인간의 규범을 고양할 방법은 없을까? 현재까지 새로운 산업의 출현에 접근하는 길은 정부가 법령이나 가이드라인을 세우고 기업이 지키도록 하는 것으로, 상당 기간 그 효력을 발휘했다. 그러나 AI를 기반으로 하는 미래 사회는 AI의 작동이 딥러닝 기반으로 학습한 결과를 표출하므로 사후 처벌에 중점을 두는 기존 접근법은 효력을 발휘하기 어렵다. 결국은 현장 중심의 자정능력을 높이고 자정 기능을 작동시키는 규제 시스템이 중요하다.

AI 발전의 관건은 기업이 서비스 기획 단계부터 고객과 약자 보호 기능 설계, 단계별 필터링, 고객의 목소리를 직접 듣는 고객위원회 설치 등 스스로 가치중립성을 확보해 사회적 책임을 다하게 하고, 고객과 시민단체의 상시적인 설명 요구, 이의 제기 등 견제 시스템을 가동하는 것이다.

# 시뮬라크르의
# 아우라

기술 전문가는 딥러닝, 뉴로모픽 반도체 등 AI 기술의 도래와 발전을 외치고, 사업 전문가는 AI를 구현한 상품을 내놓으면 크게 성공한다고 외치고, 법률 전문가는 고위험군 AI를 규제해야 한다고 외친다. 그러나 왜 AI가 우리에게 왔는지 산업과 시장, 문화적 배경을 알려주지는 않는다.

서구 사상의 시작이라고 할 수 있는 플라톤은 동굴의 비유를 통해 동굴 속 죄수들의 세상은 가짜로 동굴 밖의 진짜 세상인 이데아를 찾아야 한다면서, 인간의 삶을 동굴 속 죄수의 삶에 비유했다. 중세에서는 이데아의 자리를 신이 차지해, 인간 세상은 진짜인 신의 세상으로 가기 위한 가짜 세상에 불과했다. 하지만 독일 철학자 니체가 신은 죽었다고 선언하면서 그동안 가짜이던 인간 세상이 진짜가 되었다. 이후 인류는 이 진짜 세상을 어떻게 살아갈지 고민했으며, 종교개혁가 캘빈은 생업에 충실하면서 신을 믿으면 된다고 했다. 이로써 자본주의가 시작한다.

옛날을 떠올려보라. 물건이 부족하고, 불량이 넘쳤다. 산업사회의 미덕은 좋은 품질의 제품을 많이 생산해 판매하는 것으로, 산업화는 우리 삶을 풍족하게 했다. 하지만 불량이 줄어든 대신 과잉생산은 재고로 쌓였다. 재고를 팔기 위해 허위 · 과장 광고, 불완전 판매 등 과잉 마케팅이 활개쳤다. 이 과정을 거쳐 기업이 빅데이터를 활용하면서 고객의 수요를 정확하게 파악할 수 있게 되었다. 고객이 원하는 시점에, 고객이 원하는 장소에, 고객이 원하는 방법으로 상품과 서비스를 공급했다. 품질이 좋고 안전한 생필품은 소비자들의 수요에 따라 플랫폼에서 가격 비교 등으로 가장 싼 값에 공급되었다.

이제 더는 팔 것이 없는 세상이 되었다. 기업은 무엇을 팔 것인가? 진짜보다 더 진짜 같은 가짜들이 나타났다. 가짜라고 나쁘다고 볼 수는 없다. 프랑스 철학자 장 보드리야르는 그의 저서 《시뮬라크르와 시뮬라시옹》에서 현실에 실제 있는 사물을 그대로 베낀 이미지 또는 기호가 현실에 있는 사물을 대체하는 현상을 시뮬라시옹이라고 했다.

실제의 사물이 없어지거나 사라지면 베낀 이미지가 더 진짜 같은 역할을 한다. 시뮬라크르는 현실에 없는 사물이지만 있는 것처럼 가상으로 만들어 놓은 것이다. 시뮬라크르는 현실에 없는 것이지만, 그 자체로 고유의 가치를 가지고 현실을 지배한다. 생쥐는 질병을 옮기는 작은 짐승에 불과하지만, 생쥐를 모방한 미키마우스는 아이들이 좋아하는 사업 아이템이다. 변기는 불결하지만 마르셀 뒤샹이 전시회에 출품하면서 〈샘〉이라는 예술작품이 되었다. 진짜보다 가짜가 성공한 사례다.

우리가 살아가려면 음식, 옷, 집이 중요하다. 옛날에는 직접 채소와 나물을 재배하거나 가축을 키워 음식을 만들었고, 목화에서 나온 솜으로 옷을 지어 입었다. 흙을 개어 집도 만들었다. 지금은 그 모든 것을 돈으로 산다. 돈이 현실의 음식, 옷, 집을 지배하고 있다. 종이에 불과한 돈이 중요하듯이 모방한 이미지, 가장된 이미지가 현실을 다스린다. 현대사회를 살아가는 우리 대부분은 옷을 직접 만들지 못하고, 집을 직접 짓지 못하고, 직접 농사를 하지도 못하면서 돈을 충분히 가질 수도 없다. 그 간극에서 인간의 원초적인 불안이 나온다.

한때 블록체인 NFT가 인기였다. 방귀깨나 뀐다는 이들이라면 모두 NFT를 외치고 다녔는데, 블록체인도 어렵고 NFT까지 붙으니 더 어렵고 불안하다. 실제 공간에 존재하는 작품을 디지털 자산으로 만든, 대체할 수 없는 토큰, NFT는 시뮬라크르인가, 아니면 시뮬라시옹인가? 메타버스 안에서 이루어지는 거래에서도 NFT가 큰 역할을 할 것이라고 입을 모은다. 모든 것의 복제가 가능한 디지털 공간에서 위·변조할 수 없게 만들었기 때문이다.

마이크 윈켈만이 본명인 디지털 아티스트 비플이 5천 일 동안 매일 만든 작품을 모아 놓은 창작물의 NFT는 경매에서 약 830억 원에 달하는 6,930만 달러에 팔렸다. 테슬라의 최고경영자 일론 머스크의 아내이자 가수 그라임스는 2021년 3월 NFT 기술이 적용된 〈워 님프〉라는 제목의 디지털 그림 컬렉션 10점을 온라인 경매에 부쳐 20분 만에 65억 원인 580만 달러에 낙찰되기도 했다. 트위터 창업자 잭 도시가 작성한 첫 트윗은 약 35억 원인 290만 달러에 낙찰된 바 있다.

온라인 공간에는 수많은 디지털 자산이 있다. 글과 사진, 그림, 캐릭터, 영화, 짧은 동영상 등 가치가 있다면 모두 디지털 자산이다. NFT는 각 디지털 자산에 별도의 고유한 코드를 넣어 위조와 변조가 어렵게 만든다. 만약 누군가 그 NFT를 복제한다면 복제품인지 아닌지 쉽게 확인할 수 있다. 대체할 수 없다는 뜻이다. 예를 들어 천 원을 지폐로 빌려 받지만 갚을 때는 그 지폐를 돌려줄 필요가 없다. 다른 천 원짜리 지폐도 좋고 500원짜리 동전 두 개를 돌려주어도 된다. 이것은 대체할 수 있다는 뜻이다. 축구 경기를 보러 갔는데 뜻밖에 손흥민 선수를 만났고, 손흥민 선수가 축구공에 직접 사인을 해 선물로 주었다면, 그 축구공은 이 세상에 하나만 존재하므로 다른 것으로 대체할 수 없다.

온라인 공간에서는 원본과 복사본을 구별하기 어렵고, 무한 복제가 가능하다. 그러나 원본을 블록체인에 등록하면 원본의 소유자가 누구인지 블록체인이 증명해준다. 복사본이 아무리 많이 돌아다녀도 원본의 소유자가 누구인지 증명되기에 소유자는 복사본을 가진 사람에게 저작권 침해를 주장하며 보상을 청구할 수 있다. 이것이

NFT다. NFT를 만들어주는 회사들도 있다. 이 회사들이 운영하는 사이트에 파일을 올리면 블록체인에 등록해 NFT로 만들어준다. 그러나 그렇게 한다고 비플이나 그라임스, 잭 도시처럼 많은 돈을 벌수 있으리라 착각하면 안 된다.

무엇이 원본이고 무엇이 원본을 복제한 사본일까? 인간도 최초의 인간 유전자를 가진 조상을 원본으로 복제한 사본일지 모른다. 그렇다면 인간을 원본으로 한 AI를 복제한 사본에 그칠까, 아니면 인간을 넘어설까?

독일 철학자 발터 벤야민은 《기술복제시대의 예술작품》에서 아우라는 개념을 도입했다. 아우라는 원본만이 가질 수 있는, 그 누구도 모방할 수 없는 신비하고 영적인 분위기를 말한다. 마크 로스코의 그림을 보자. 전시회를 찾은 사람은 큰 화면에 한두 가지 컬러로 가득 채운 그림을 보고 감동한다. 그런데 이 그림을 스마트폰으로 봐도 그럴까? 쉽지 않아 보인다. 중세 종교화에서는 예수, 성모마리아의 얼굴 뒤에 후광을 넣어 아우라를 표시해 경건한 신앙 대상으로 표현했다. 근세를 넘으면서 종교적 색채는 줄고 전시된 그림에서 나오는 특별한 순간의 신비하고 은은하게 드러난 경험과 감동을 아우라라고 느낀다.

기술 복제 시대에는 인터넷이나 스마트폰을 열면 수많은 복제를 거친 사본들이 돌아다니고, 아우라가 더는 보이지 않는다. 다빈치의 〈모나리자〉는 교과서나 각종 교양서적에 들어 있고, 디지털로 복제

되어 인터넷을 돌아다니고 있다. 책받침에 프린트된 〈모나리자〉에 감동하는가? 쉽지 않다. 복제된 사본을 많이 접하면 실제 원본을 보더라도 감동이 적을 수 있다.

누군가는 이렇게 말할지도 모른다.

"같은 그림이 우리 집에도 있는데, 그게 더 예뻐."

기술 복제 시대에 복제한 사본이 원본과 다른 새로운 아우라를 창조할 수는 없을까? 원본의 복제에 그치지 않고 대중화되고 새로운 가치를 더할 때 또 다른 아우라가 만들어질 수 있다. 그것이 장 보드리야르가 말한 시뮬라크르일 수 있다. 창작의 원본은 하나여야만 할까? 앤디 워홀은 중국의 마오쩌둥, 마릴린 먼로, 통조림 캔 등 다양한 대상을 복제하고 다양한 컬러를 입혀 예술로 승화시켰다. 단순한 복제를 넘어서고, 원본을 넘어섰다. 새로운 아우라다. 이를 청출어람이라고 해야 할까. 무엇이 원본인지 따지는 시대가 저물고 있다.

우리는 오프라인을 넘어 온라인으로, 스마트폰의 등장으로 모바일로 옮겨왔으며, 이제는 가상공간 메타버스를 이야기한다. 오프라인이 진짜 세상이라면 온라인, 모바일, 메타버스는 진짜를 베껴 놓은 가짜가 아닌가. 가짜에서 원본의 아우라를 뛰어넘는 새로운 아우라를 찾는 것, 그것이 AI를 낳은 시대다. AI는 가짜의 아우라를 만드는 기술이 되고 있고, 새로운 산업과 시장을 획기적으로 열어젖히는 마중물 역할을 하리라 기대하고 있다.

# AI 없는
# 미래는 없다

EU 집행위원회가 2021년 4월 21일에 공개한 AI 법안은 용납할 수 없는 위험, 고위험, 저위험, 최소 위험까지 크게 세 가지 그룹으로 나누어 AI를 규제한다.

용납할 수 없는 위험 단계에 속하는 AI는 사람의 행동을 조작하는 경우, 아동과 장애인 등 약자를 이용하거나 공격하는 경우 등이 해당한다. 이는 인간의 존엄, 자유, 평등, 민주주의에 대한 명백한 도전이므로 금지된다.

고위험 AI는 운송과 교통, 기계, 무선장비와 의료기기 등 사람의 안전과 연관된 경우를 이른다. 해당 분야의 AI 개발을 허용하되 위험관리시스템을 기획하고 설계, 구축할 의무를 부과하는 등 강도 높은 규제를 한다.

저위험 AI에는 명의도용과 같은 사람을 속일 수 있는 AI가 해당한다. AI 법안은 이용자가 속지 않도록 투명성을 확보할 의무를 부여하며, 최소 위험 AI는 게임 등 권리 침해와 위험이 최소화된 경우다.

이에 따른 벌칙은 용납할 수 없는 위험의 AI를 활용하면 최대 3천만 유로 또는 전 세계 연간매출액의 6퍼센트 중 높은 금액의 벌금이 부과된다.

2023년 5월 11일 EU 의회는 수정안을 발표했다. 고위험 AI에 대한 범위를 명확히 하면서 기본권 영향평가 등 의무를 강화했으며, 벌칙은 최대 4천만 유로 또는 전 세계 연간매출액의 7퍼센트로 상향 조정했다. 여기에 생성형 AI에 관한 파운데이션 모델 규제도 포함했다. 파운데이션 모델이란 대규모 데이터로 미리 훈련된 AI 모델로서 범용 사용이 가능하며, 다른 시스템의 기초로 사용될 수 있는 모델로서 챗GPT를 포함한다.

파운데이션 모델은 건강, 안전, 기본권, 환경 민주주의, 법령에 발생할 수 있는 예측 가능한 위험을 식별, 완화해야 하고 전문가의 검증을 거쳐야 한다. 또한 데이터 출처와 편향 검증 등 적절한 관리 조치가 된 데이터를 사용해야 하며, 모델 성능, 예측 가능성, 설명 가능성, 수정 가능성, 안전성 및 보안 수준을 갖춰야 한다. 공급자의 이름과 주소, 연락처 정보, 모델 개발에 사용된 데이터 출처, 모델의 기능 및 한계, 모델 성능 등의 정보도 제출하고 등록해야 한다.

챗GPT처럼 문자, 이미지, 영상 등을 생성하는 AI 시스템에 사용되는 파운데이션 모델은 추가적인 의무를 부담하는데, 이용자에게 AI 시스템 활용 사실을 알려야 한다. 아울러 위법한 콘텐츠 생성을 방지할 수 있도록 모델을 설계, 개발, 학습해야 한다.

이처럼 EU가 까다로운 AI 법안을 추진한 배경은 주목할 만하다. 2015년 5월에 발표한 유럽 디지털 단일 마켓 전략은 EU 회원국 간 경제·정치 통합을 선언했다. EU 경쟁국에 대한 공동 대응, EU 기반의 강력한 데이터와 AI 기업 탄생을 위한 시장 조성 및 경쟁력 지원을 목표로 했다.

그러나 2008년 금융위기 이후 계속된 경제 침체, 2020년 영국의 브렉시트, 코로나 팬데믹 등 위기에서 각 회원국의 피해 정도, 대응 방법, 정치 상황 등 편차가 컸으며, EU 전체의 단합된 대응이 쉽지 않았다. 구글과 같은 글로벌 디지털 기업의 약진에도 불구하고 EU 국적의 AI 기업은 성장세가 미흡했다. 제4차 산업혁명도 스마트 팩토리와 같은 제조업을 중심으로만 이루어져, 글로벌 디지털 기업에 대한 공정거래법, 개인정보보호법 위반 등 과징금 제재만으로 유럽 시장을 보호하기에는 한계가 있는 모양새다. 즉 이 법안은 글로벌 빅테크의 영향력이 큰 고위험 AI를 견제하고 경쟁력 있는 AI 분야에서 EU 기업을 육성하는 토양 마련에 집중한다고 볼 수 있다.

미국은 오픈AI를 포함해 글로벌 빅테크 기업을 중심으로 최고 수준의 AI 기술과 기업을 확보하고 있다. 웬만한 기술 규제는 견딜 수 있는 내성을 갖추고 있으며, 심지어 사다리 걷어차기 전략을 써서 상대적으로 기술 수준이 낮은 국가에 강도 높은 기술 규제를 요구해 경쟁을 따돌릴 수도 있다. 아울러 챗GPT 등 모델을 통해 다른 국가를 소비시장으로 만들고 다른 기업에 파운데이션 모델을 플랫폼으로 제공해 수익을 창출하는 전략을 구사할 것으로 보인다.

이와 같은 격변 속에서 우리나라는 10여 개가 넘는 AI 법안을 발의하고 대안을 만들었으며, 이들 법안은 2023년 2월 14일 국회 과학기술정보방송통신위원회 법안심사소위원회에서 통과되었다. 국회에서는 챗GPT의 영향과 해외 입법 경과 등을 참고해 현재 추가적인 논의가 진행하고 있으며, 우리 정부는 AI 산업 발전을 위한 지원 체계를 마련해두고 있다. 본 지원 체계는 AI 기업은 기술개발 및 서비스에 대해 인간의 기본권을 침해하지 않을 것, 윤리 관련 사항을 준수할 것 등을 규정한다. 즉 선허용 후규제 원칙을 두고 있으며, 특히 생명과 안전에 직결되면 고위험 AI로 설정해 고지 및 설명 의무를 부여하고 있다.

챗GPT를 위시한 생성형 AI 시대, 우리는 현실에 맞는 대응 방안을 적극적으로 모색해야 한다. 우리나라는 EU처럼 수많은 회원국을 가지고 있지 않기 때문에 내수시장이 크지 않다. EU의 강도 높은 규제 입법을 따르면 미국 AI 기업을 견제할 수 있겠지만 국내 AI 기업을 키울 수 없고 수출마저 위협받는다. 그렇다고 규제 수준을 낮추면 미국의 AI 기업에 시장을 내줄 위험이 있다.

강점과 약점을 분석해서 전략을 세워야 한다. 소재, 부품, 장비, SW, OS 등 다양한 분야에서 AI 기술과 사업 지도를 만들고 우리가 잘할 수 있는 분야를 집중적으로 공략해야 한다. 국제표준을 논하는 무대에서는 EU도 미국도 아닌 우리의 상황에 맞는 전략을 구사해야 하며, 제3국과의 합종연횡도 중요하다. AI 없는 미래는 없다. 따라서 지독하게 살길을 찾아야 한다.

# 디지털 시대의
# 의류산업

인간은 머리를 제외하곤 털이 없는 동물이다. 탈모와 같은 질병의 유전일 수 있으며, 털에 숨어들기 쉬운 기생충, 바이러스, 세균을 줄여 건강을 유지하기 위한 것일 수 있다. 털의 퇴화는 몸을 덮는 의류를 발전시켰다.

인간은 자발적으로 몸을 의류로 덮는 유일한 생명체다. 신체기관의 능력을 키우는 대신 도구, 기계, 기술 등 외연을 확장하는 형태로 발전했으며 의류도 그 연장선에 있다. 의류는 추위나 뜨거운 햇볕에서 몸을 보호하고, 공격받을 때는 몸을 지키는 방어막이 된다. 의류에 간단한 무기를 숨기면 적을 공격하기 쉽다. 따뜻하거나 더운 날씨에도 옷을 입는다.

복장은 국가와 민족, 종교의 문화적 차이를 보여준다. 신분사회에서 계급, 가문과 지위에 따라 다른 복장을 했다. 공직이나 좋은 직장을 그만두는 것을 '옷을 벗는다'라고 말한다. 조직 구성원이 거의 같은 제복을 입는 것은 소속감을 높인다. 직장과 학교 등 성격에 따라 특정 문구가 박힌 같은 점퍼나 티셔츠 등을 착용해 자존감을 높인다. 군복과 경찰복 등은 공권력의 권위를 보여주기 위한 수단이자 국민이 쉽게 알아보고 도움을 청할 수 있다.

명품 의류는 부를 과시하기 위한 수단이 되어, 백화점 명품 의류를 사기 위해 밤을 새우며 줄을 선다. 명품 의류업체는 예술가와 협력해 브랜드 가치를 높인다. 자본주의가 성장해 더는 팔 것이 없을 때 부자에게는 누구나 가질 수 없는 명품으로 상류층임을 증명하라고 주문하고, 빈자에게는 명품 하나라도 구입해 부자를 따라가라고 부추긴다. 원가와 괴리도가 높은 가격일수록 잘 팔린다.

사람들의 자존감이 높아지고 과시욕이 커지면서 명품 의류를 입되 의류로 가려지지 않은 부분을 도드라져 보이게 하는 노출 수단으로 이용하기도 한다. 의류로 감출 수 없는 부분은 성형수술의 도움을 받는다. 의류에 시사적인 문구를 새기면서 정치적·사회적 성향 또는 가치관을 보여준다.

디지털 시대에는 의류에 부착하는 전자 기기 등 다양한 장치와 함께 엔터테인먼트를 즐길 수 있다. 의료 진단과 건강 체크를 위한 소프트웨어를 장착하면 헬스케어를 가능하게 한다. 벌레나 바이러스, 세균의 침입을 막는 등 바이오 소재 의류도 늘고 있으며 환경 훼손을 막기 위해 친환경 소재를 이용한다. 벨트, 목걸이, 귀걸이 등 의류와 연관된 액세서리 시장도 간과할 수 없다.

영화 등에서는 특정 의류, 가면을 쓰면 초능력을 갖는 경우가 있다. 선녀의 날개옷, 배트맨과 아이언맨의 슈트가 그것이다. 영화적 상상은 시장가치를 더해 현실이 된다. 정의를 구현하기 위한 영화 속 영웅들의 슈트는 디지털 시장에서 상품이 된다.

디지털 시대에 의류는 반드시 실과 바늘, 재봉틀로 만드는 것은 아니다. 디지털 기기를 통해 그래픽으로 만들어져 옷감에 영향을 받지 않아 다양한 가상 의류를 만들 수 있다. 오프라인에서는 쓸모가 없지만, 디지털 공간에서 나만의 아바타를 위해 수백만 원을 호가하는

의류, 가방을 사는 사람들이 있다. 디지털 공간의 영웅, 가상 인간, 아바타, 캐릭터를 연출하기 위한 가상 의류는 오프라인에서 캐릭터 상품으로 만들어 팔 수 있다. 다양한 결합 상품도 선보일 전망이다. 오프라인 매장에서 명품을 사고 똑같은 디지털 상품을 사서 나만의 아바타에게 입힐 수 있으며, 의류를 게임 아이템으로 활용할 수도 있다. 디지털 시대에는 의류산업이 영화와 가상공간, 의료와 건강을 아우르는 융·복합 산업이 된다.

# 디지털 시대의 교과서,
웹툰

문구점에 딸린 작고 컴컴한 만화방을 기억하는가? 신간 만화에 심취해 있다가 밥때를 놓치던 어린 시절이 있었다. 현재 국내 만화산업 규모는 2조 원을 뛰어넘었고, 이 중에서 웹툰이 절반을 차지한다. 웹툰은 디지털로 제작되고 온라인, 모바일로 소비되는 만화로, 스마트폰만 있으면 언제 어디서든 볼 수 있다.

기존 만화는 작가의 스토리 전개와 그림 완성도가 중요했는데, 웹툰은 여기에 음성과 음향, 영상 등 멀티미디어 기술을 추가해 표현력과 독자의 몰입도를 높였다. 기존 만화는 여러 장면이 담긴 페이지를 좌우로 넘기는 방식이어서 단조로운 데 반해 웹툰은 스크롤 방식으로 장면 하나씩 아래로 넘겨 속도가 빠르면서 흥미를 더할 수 있다. 댓글로 작가와 독자가 실시간 소통함에 따라 함께 웹툰 문화를 만든다. 이처럼 웹툰은 탁월한 만화만 살아남던 종이 시대의 한계를 극복하면서 다양한 장르와 소재를 끌어들여 구현한다.

웹툰의 성공으로 2차적 저작물의 제작도 늘었다. 웹툰을 토대로 영화와 드라마를 만들거나 웹소설을 웹툰과 영화, 드라마로 제작한다. 반대로 영화나 드라마를 웹툰, 게임, 애니메이션으로 제작하기도 한다.

웹툰이 인기를 얻는 이유로 아이디어 및 소재 고갈이라는 세계적인 현상을 들 수 있다. 미국과 일본 중심의 멜로, 범죄, 추리, 마블, 액션, 타임머신 등 스토리 창출에 한계가 왔다. 실제 있을 법한 이야기에서 감동을 찾는 스토리도 더는 흥미롭지 않다. 진실인지가 중요하지 않은 시대다. 과학적 검증이나 역사적 고증을 거치지 않은 이야기에도 감동과 재미가 있으면 마음을 연다. 가짜라도 진짜보다 더 깊은 아우라를 보여줄 수 있다. 선과 악 등 이분법적 대립 구조가 식상해지면서 다양성과 차이, 다름에 마음을 열고 있다.

정보화와 세계화에 따라 전 세계가 문화적으로 동조하는 현상도 한몫한다. 다른 국가의 콘텐츠도 존중하고 재미와 감동이 있으면 마음을 연다. 지역적으로 소수만 관심을 두는 콘텐츠라고 해도 세계 시장에서 마니아층을 확보하면 수익을 낸다. AI 등 디지털 신기술과 결합하면 웹툰의 가치를 더욱 높일 수 있다. K팝과 K콘텐츠 등이 서로 연계해 동반 성장의 기회와 효과를 높이고 있다.

하지만 위기도 상존한다. 미국 등 기존 콘텐츠 강국의 빅테크 플랫폼 기업이 자본과 기술로 무장하고 영화나 드라마 등 웹툰의 2차적 저작물 제작에 관심을 기울이고 있다. 이들 기업은 웹툰 원작을 수

입해 연구하고 활용한다. 이로 인해 글로벌 거대 자본에 우리나라의 웹툰 등 콘텐츠가 종속될 우려가 있다. 시장 성장 초기에 부득이 착취의 감수, 허용된 착취가 있을 수 있더라도 구조적인 고착은 안 된다. 글로벌 동반 성장의 모멘텀을 만들어야 한다.

디지털 시대는 신산업 기회뿐 아니라 성장 정체와 고용 감소 등 위기도 상존한다. 이를 아이디어와 소재로 극복해야 한다. 모든 국민이 아이디어만으로도 창작 기회를 누려야 한다. 화가로서 자질과 능력이 없어도 아이디어, 소재 발굴 능력만 좋으면 AI 등 기술의 도움으로 새로운 장르의 창의적인 그림을 그릴 수 있다. 아이디어와 스토리를 잘 만들면 음악, 게임, 영화, 드라마, 출판, 공연, 캐릭터 등 다양한 형태로 확장할 수 있다. 하나의 스토리 안에서도 특정 파트를 도려내어 또 다른 스토리를 만들 수 있다. 하나의 스토리가 다른 스토리와 연결되는 것도 좋으며, 특정 웹툰의 주인공이 다른 웹툰에서 조연이 될 수 있다. 가상 인간으로 만들어도 재미있을 테고, 웹툰 주인공이 예능 프로그램에 나와 다른 출연자와 공연하면 어떨까.

웹툰에서 배울 것이 많다. 모든 산업과 시장에서 아이디어와 스토리 산업을 키우자. 모든 국민이 주체이고, 혁신은 따로 없다. 웹툰 생태계는 디지털 시대를 건너는 최고의 교과서다.

# 개인정보
# 패러다임

개인정보는 개인이 누군지 식별할 수 있는 정보다. 이름, 주소, 전화번호, 주민등록번호가 대표적이다. 의료, 건강, 생체, 영상, 사생활 등의 정보도 개인을 식별한다면 개인정보다. 개인을 식별할 수 없는 정보도 다른 정보와 쉽게 결합해 식별력을 가지면 개인정보가 된다. 가명 처리된 정보는 식별력을 상실해도 개인정보로 본다. 개인정보 보호는 개인이 부당하게 식별됨으로써 자유와 권리가 침해되는 것을 막기 위한 법제도다.

한 시대의 전문가 집단이 공통으로 받아들이는 가치관과 이론, 기술을 패러다임이라고 한다. 지금까지 개인정보의 패러다임은 철저한 '보호'다. 옛날 공중전화부에서 누구나 볼 수 있던 이름, 주소, 전화번호가 이제는 보호 대상이다. 온라인 활성화로 개인정보 유출과 해킹 등 침해 사고가 보이스피싱 등 범죄로 이어져 피해가 커진 탓으로, 이는 범죄자를 잡기가 쉽지 않고 배상받기도 어렵다. 아울러 개인정보처리자에게 안전조치 의무를 부과하고 법령을 위반하면 엄벌하며 정보통신망법, 개인정보보호법 등을 통해 정보 주체 동의권을 강화하고 있다.

개인정보 패러다임은 유지될 수 있을까? 환경 변화를 살펴봐야 한다. 지금은 초연결 지능 정보 사회다. 기업과 개인이 생산하는 데이터가 기하급수적으로 늘고 있다. 데이터를 AI로 분석해 맞춤형 검색, 업무와 교육 지원, 질병 치료, 신약 개발 등 서비스가 쏟아져 나온다. 개인정보가 개인과 기업 간, 기업과 기업 간에 끊임없이 이전되고 있다. 결합과 가공 등의 과정을 거치면 원상회복이 어렵고, 정부의 후견적 개입으로 개인정보를 보호할 수 있는 상황을 넘어섰다. 따라서 기업, 고객, 정부, 시민, 전문가 등 이해관계별 대립을 넘어 협력이 필요하다. 지능화되는 개인정보 범죄를 막고 안전하게 활용하는 선순환의 입체적 거버넌스 구축이 중요하다.

초기에 개인정보는 '침해와 보호'라는 대립 구조를 설정했다. 침해를 막고 피해를 줄여 개인정보를 보호했다. 침해 사고를 줄이는 데 성공하면서 대립 구조는 '활용과 보호'로 옮겨가면서 활용으로부터 어떻게 보호하느냐가 관건이었다. 이후 AI 등 제4차 산업혁명의 영향으로 데이터 활용 요구와 글로벌 경쟁 위협이 커져, 자연스럽게 '안전한 보호에 기반을 둔 활용 강화'라는 프레임으로 옮겨갔다. 이것으로 충분할까?

현재의 동의 제도는 유효한가? 개인정보가 정보 주체에서 개인정

보처리자로 넘어가는 최초 단계, 즉 가입 단계의 병목을 통제해 개인정보를 보호하지만 동의를 거부하면 서비스를 받지 못한다. 온라인과 모바일의 삶이 중요해지면서 동의가 서식을 채우는 형식으로 전락했다. 가입 이후 AI 알고리즘이 작동하는 구간 등에서 개인정보를 보호하는 체계를 강화해야 한다.

구매 이력과 취향 등 개인정보를 동의만으로 대가 없이 활용할 수 있는가? 현재로서는 그렇다. 음원, 논문, 영화 등 저작물을 이용하려면 대가를 주어야 하는데 개인정보만 대가 없이 동의만으로 쓰려고 한다. 개인정보에 대가를 주는 것은 범죄자만 하는 일일까? 개인정보에 창작의 고통이 들어 있지 않아서일까? 내 이름은 조부님이 고민해서 지었으니 창작의 고통이 없다고 할 수 없다.

정보 주체의 데이터 생산에 대한 보상도 고려해야 한다. 정보 주체는 SNS, 검색 등 서비스 이용과 그 과정에서의 피드백 같은 활동으로 끊임없이 데이터를 공급하고 있다. 이것은 단순 소비를 넘어 생산으로, 그 데이터를 기업이 활용한다면 보상이 필요하지 않을까? 개별 보상이 어려울 수 있다면 기금, ESG, 집단 보상 등 다양한 논의가 필요하다.

개인정보는 개인식별에 관한 정보라는 점도 잊지 말아야 한다. 식별을 넘어 사생활, 인격, 명예, 지식 재산, 의료, 건강 등 추가 정보를 포함한다면 해당 법령에서 다루면 족하다. 개인정보 개념의 무한 확장을 경계해야 한다. 개인정보는 비용 요소가 아니라 서비스를 구성하는 핵심이며, 개인정보의 활용과 보호는 동전의 앞면과 뒷면처럼 서로 연결되어 있다.

# 개인정보와 법
## 사이에서

개인정보보호법은 이름, 주소, 전화번호 등 누군지 식별할 수 있는 개인정보를 지킨다. 신체와 신념, 사회적 지위 등의 정보도 개인을 식별하면 개인정보다. 다른 정보와 쉽게 결합해 식별력이 생기거나 가명 처리해도 식별력이 남아 있으면 개인정보이지만, 식별력이 없도록 익명 처리하면 개인정보가 아니다. 이처럼 개인정보보호법은 식별력을 기준으로 개인정보를 보호한다.

독일 정부는 인구조사를 위해 개인 습관과 교통수단, 부업, 학력 등 정보를 수집해 공유했다. 나치 시대의 역사 때문일까? 독일 헌법재판소는 개인정보자기결정권을 침해하면 위헌이라고 했다. 우리 헌법재판소도 지문날인 등의 사건에서 개인정보자기결정권을 인정해, 정보 주체는 개인정보를 누구에게 언제 어디까지 알리고 이용될지 결정할 수 있다고 했다.

개인정보를 조사하거나 수집 또는 이용하려면 법령에 따르거나 정

보 주체의 동의를 얻어야 한다. 정부가 수집한 국민의 개인정보를 남용해 생명과 신체, 사생활을 침해하지 못하도록 하고 있다. 정보통신의 발전으로 민간기업이 보유한 개인정보의 해킹, 유출 사고와 보이스피싱 범죄가 급증했다. 이 때문에 공공 및 민간 개인정보처리자 모두에게 안전조치 의무를 부여하고, 이를 위반하면 처벌한다.

개인정보보호법은 사생활보호법인가? 개인정보가 해킹 또는 유출되면 사생활 침해로 연결될 수 있지만, 개인정보 그 자체가 사생활은 아니다. 개인정보처리자의 업무 처리를 위해 개인을 식별함에 그친다. 개인정보가 사생활과 결합되어 있다면 사생활 보호에 관한 민·형사법을 적용하면 된다. '성춘향'은 '이몽룡' 연인의 개인정보다. 〈춘향전〉을 보지 않았다면 누구인지, 어디 사는지, 무엇을 하는지 알 수 없다. 이름만으로는 식별할 수 없으나 개인정보처리자의 영역에 있다면 식별될 수 있다. 통신사가 그녀에게 서비스를 제공하고 요금을 청구하기 위해서다. 통신사가 그녀의 개인정보를 처리하는 것만으로 사생활이 침해될 수 없다. '변사또' 또는 누군가 그녀의 정보를 이용해 '이몽룡'과의 통화내역을 들여다보거나 그녀의 사생활 속에 들어가야 침해가 된다.

개인정보보호법은 재산보호법인가? 개인정보가 해킹 또는 유출되면 개인정보 판매와 보이스피싱에 악용되어 재산 피해를 볼 수 있다. 그러나 개인정보는 식별을 위한 정보일 뿐 재산 그 자체는 아니다. 해킹 또는 유출되지 않게 통제하는 등 부당하게 식별력이 커지지 않게 막는 것이 법의 목적으로, 개인정보를 악용한 재산 피해는 민·형사법에 따라 규율하면 된다.

개인정보보호법은 개인정보를 어떻게 보호해야 할까? 식별 위험 증가 여부를 기준으로 안전조치를 정해야 하며, 그것이 개인정보자기결정권의 합리적인 보호 범위다. 과다 수집, 목적 외 이용, 위탁, 제삼자 제공, 국외 또는 타 사업자 이전은 노출 범위를 넓혀 양적 식별 위험을 높인다. 마이데이터와 맞춤형 광고는 결합, 분석을 통해 취향 확인 등 질적 식별 위험을 높인다. 식별력이 높아지면 안전조치를 강화해야 한다. 익명 및 가명 처리는 식별력을 없애거나 낮춘다. 온라인 맞춤 광고는 질적 식별력을 높이지만, 금지할 것이 아니라 안전조치 수준을 높이면 된다. 자동화된 처리는 식별력을 높이는 특징에 맞게 안전조치를 하면 된다. 정보 주체에게 자동화된 처리 자체를 거부할 선택권을 주는 입법은 지나치다. 개인정보 삭제, 열람 청구는 식별 위험을 낮춘다.

정정 청구의 경우 주소가 잘못되었으면 청구서를 받을 수 없지만, 부당하게 식별될 위험은 낮다. 개인정보자기결정권이 아니라 사적 계약으로 해결하면 된다. 공개된 개인정보는 이미 식별되고 있으므로 정보 주체의 동의를 간주하기보다 누군가 공개된 범위와 내용을 뛰어넘어 식별력을 높이는지에 따라 위반 여부를 결정하면 된다. 식별 위험 통제를 넘어 개인정보자기결정권을 확대 해석하거나 사생활, 재산 보호에 깊이 들어가 법의 본질을 호도해서는 안 된다.

# 그는 왜
# 변기를 뒤집었을까

작가 마르셀 뒤샹은 남자 화장실에서 소변기를 뜯어내 〈샘〉이라는 제목으로 출품하려 했으나 거절당했다. 고루한 제도권 미술 시스템에 도전한 그의 작품은 예술일까? 작가 긴범도 덜하지 않다. 그는 모형 범선을 만들어 〈바다가 없다고 배운 배〉라는 이름으로 출품했다. 교육 현실을 비판했다고 평가받는 그의 작품은 예술일까? 오랜 창작의 고통 끝에 나온 그들의 작품은 악평과 호평을 함께 받았다.

예술인지 아닌지 나누고 예술적 가치를 부여하는 기준은 무엇일까? AI를 활용해 미술 활동을 하는 작가도 늘고 있다. 이런 작가들이 정물화나 초상화, 풍경화를 성실하게 그려온 기존 작가들을 도태시켜도 될까?

혁신을 정의하는 것도 예술만큼 쉽지 않다. 일본 전국시대에 포르투갈 상인이 조총을 들여왔다. 조총은 심지에 불을 붙여 화약을 터뜨리고 이 힘으로 탄환이 발사되는 구조다. 사격에 10초 넘게 걸려

기선제압 외에 실용성을 갖춘 무기로는 볼 수 없다. 그런데 일본 전국시대 통일의 기반을 닦은 것으로 유명한 오다 노부나가는 조총 사격법을 개선했다. 조총을 발사하는 사수와 심지에 불을 붙이는 조수를 따로 두어 조총부대를 3열 횡대로 구성했다. 1열 사수는 사격한 후 맨 뒷줄로 빠지고, 심지에 미리 불을 붙여둔 2열이 사격에 나선다. 2열이 사격 후 뒤로 빠지면 3열이 사격했다. 10초의 단점을 없앤 효과는 컸다. 조총부대의 배치 방법을 바꾼 것만으로 혁신이라 할 수 있을까?

혁신은 낡은 풍속이나 관습을 기술, 조직, 방법 따위로 완전히 바꿔 새롭게 한다. 디지털 혁신은 신기술을 투입해 상품, 생산 방법, 시장, 자원, 조직을 바꿔 새로운 경제사회 질서를 만든다. 경제학자 조지프 슘페터는 창조적 파괴를 강조한다. 마차산업이 철도산업으로 바뀐 것처럼 새것이 옛것을 대체한다. 그러나 현대 사회에서 기존의 촘촘한 법령과 기득권이 가로막기 때문에 창조적 파괴는 쉽지 않으며, 함부로 기존 시스템을 무너뜨리면 범죄자가 되기 쉽다.

혁신이라는 단어가 법률에 들어간 것도 많다. 중소기업기술혁신촉진법, 모빌리티 혁신 및 활성화 지원법, 중소기업 스마트제조혁신촉진법 등등이 그렇다. 내용에 혁신이 들어간 법률은 헤아릴 수 없으며, 대부분 기술발전, 사업화, 가치 창출 등 세 가지 요건이 핵심이다. 이것이면 충분할까?

낡고 부조리한 것은 그 자체로 국가발전을 막는 병폐이므로 반대를 무릅쓰더라도 혁신하는 것이 옳다. 그러나 현대는 기술발전이 빠르고 글로벌 경쟁이 치열하다. 미래를 위해 낡고 부조리하지 않은 것도 걷어낼 필요가 있지만, 민주주의 헌법 질서에서 함부로 없앨 수는 없다. 디지털 혁신을 위해 문화콘텐츠, 저작권, 개인정보, 데이터 등 공동체 자산을 투입해야 한다. 고객의 이용 과정에서 쌓이는 데이터와 피드백의 활용도 중요하다. 디지털 혁신이 일방적일 수 없는 이유다. 공존을 혁신의 심장으로 달고 시장에 나와야 한다.

혁신에 해당하는지를 떠나 아이디어가 시장에 나오지도 못한 채 사장된다면 그것은 더 큰 문제다. 규제에 내성을 갖춘 글로벌기업이 AI 등 강력한 무기를 장착하고 세계시장을 두드린다. 우리나라 기업의 상품도 생명과 신체 안전에 문제없거나 시장에서 통제 장치를 갖

취 빨리 진입해 당당히 겨루고 평가받아야 한다. 진입 규제 여부를 결정하는 정책 판단이 길면 거짓 혁신이 오래 버티고 진짜 혁신이 꽃피지 못하는 부조리가 생긴다. 정부도 진입 규제보다 시장의 공정 경쟁과 고객 보호 질서를 마련하는 방향으로 중점을 옮겨야 한다. 진정한 혁신이 시장에 넘쳐 특정 산업이나 기업의 매출만이 아니라 국가 경쟁력과 삶의 수준을 구조적으로 높여 퇴행 불가능해야 디지털 강국이 된다.

# 직장인에서
# 모험가로

프란츠 카프카의 소설 〈변신〉을 보자. 보험회사 직원 '그레고르 잠자'는 가족의 생계를 책임지고 있다. 어느 날 아침, 그는 벌레로 변해 있는 자신을 발견한다. 벌레가 되어도 가족의 따뜻한 보호를 받지만 끝내 골칫거리로 전락하고, 아버지가 던진 사과에 맞아 죽고 만다. 벌레로의 변신은 노동력, 직장, 가정의 상실이자 죽음을 의미한다.

의식주 해결과 생계유지에는 돈이 필요하고, 직장에서 일해 돈을 조달한다. 시장에 재화와 용역을 공급하는 기업 구성원이 되고, 급여로 재화와 용역을 구입하는 소비자가 된다. 산업화 · 정보화시대에는 새로운 산업이 만들어지고 정보통신으로 연결되어 경제가 끊임없이 성장했다. 취업과 근무가 어렵거나 빡빡하지 않았다. 미국 중심의 세계화가 진행되면서 비약적인 성장을 누렸다. 미국은 산업 설계, 기획 등 고부가가치 핵심 분야를 맡고 다른 나라는 제조, 생산 분야를 맡아 동반성장이 가능했다. 직장은 힘들어도 마음의 여유가 있고 교육 등의 기회가 있었다. 임직원은 또 하나의 가족으로, 능력이 미흡하거나 실수를 해도 가르치고 보듬어 직장이 주는 편안함 속에 자아실현이 가능했다.

그러나 지금은 산업화, 정보화, 세계화로 달성한 글로벌경제에 한계가 왔다. 대표를 비롯한 임직원은 실적 압박에 시달린다. 스트레스를 받는 임직원을 위해 자기계발, 친목 모임, 심리 상담 등 다양한 프로그램을 가동하지만 이것으로는 희망을 주지 못해 불안과 자아상실에서 임직원을 구하지 못한다. 경영 환경이 어려우면 채용 인원을 줄이고, 경영 환경이 좋아도 노동을 기술로 대체한다. 동료와 선후배뿐 아니라 기계, AI와 경쟁하는 시대가 되었다. 대기업에 근무한다면 돈 많은 과부를 만난 총각처럼 편안하겠지만 시간이 지날수록 공허함과 허탈감을 안겨준다. 임직원을 가족처럼 대하기도 하지만 편하게 노동력을 쓰거나 힘든 일을 맡기고 싶다는 뜻에 그친다. AI 시대에는 소수의 고급 두뇌만 생존하고 부를 독점한다. 놀고 있는 임직원을 두고 보지 않아 기술에 의한 노동 탈락이 일상화된다. AI 기술이 노동을 끊임없이 대체해나간다면 직장을 잃는 것을 불성실하거나 무능의 결과로 볼 수 있을까? 더 큰 문제는 수요의 감소다. 소비하려면 직장에서 받는 급여가 필요하다. 임직원이 직장을 잃고 취업이 어려우면 소비자의 역할을 상실한다. AI 등 디지털 시장의 생태계에서 재화와 용역을 구입해줄 최종 소비자가 사라진다. AI가 아무리 좋은 재화와 용역을 만들어도 팔리지 않으면 의미 없다. 많은 사람들이 직장에 재취업할 기회를 찾지만 쉽지 않다. 멀쩡한 차도와 인도를 뒤집고 다시 포설하기를 반복하는 것처럼 인위적인 일자리를 만들기도 하지만 지속성이 없으니 임시방편에 불과하다.

이 때문에 기본소득을 주장하기도 한다. 하지만 이는 경쟁에서 탈락해 불쌍하다고 주는 것이 아니다. 수요가 사라지면 경제가 죽으므로 기본소득을 나누어줄 테니 소비하라는 의미다. 기본소득은 일을 양보한 행위에 대한 대가다. 국가가 지급해도 재원이 없으니 AI 기업의 수익을 재원으로 조달할 수밖에 없다. 로봇세, AI세를 부과해 기본소득의 재원을 마련하자고 한다. 생체정보 등을 제공받는 대가로 '코인'을 주겠다는 기업도 있다. 이것으로 충분할까? 미래에 기댈 곳이 없는 젊은 세대는 책임질 수 없는 결혼과 출산을 주저하고 포기한다. 나 혼자의 삶도 지켜내기 어렵다는 위기감이다.

디지털 시대에는 취업이 아니라 창업이 원칙이 되어야 한다. 남의 직장이 아니라 나의 직장을 만들고 가꿔야 한다. 대기업이 주는 안락함을 버리고, 스타트업이 주는 모험에 미래를 맡겨야 한다. 톡톡 튀는 아이디어만으로도 쉽게 직장을 만들고 수익을 창출할 수 있어야 한다.

# 경기침체형
# 디지털 민생범죄

자본주의 자유시장은 항상 부익부빈익빈 문제를 안고 있다. 경제가 성장할 때는 그 혜택이 골고루 돌아가기에 취약계층도 견딜 수 있다. 지금은 어떤가? 소상공인 등 많은 국민들이 코로나 팬데믹으로 고통받았고, 팬데믹 위기를 지원하기 위해 시장에 풀린 정부지원금으로 겨우 버텼다. 그런데 그것이 부메랑이 되어 물가상승 등 인플레이션으로 힘들 뿐만 아니라 미국발 금리인상으로 증권과 부동산 시장이 위축되고 있다. 기업은 투자를 줄이고 가계는 소비를 줄이는 등 전 세계가 어려움을 겪고 있다.

가장 약한 고리인 취약계층은 코로나19를 벗어난 지금도 극심한 고통에 시달리고 있다. 생계를 위해 이런저런 일을 해보지만 손실을 면하지 못한다. 금융기관의 이자 부담과 가계부채는 지속적으로 늘어 극단적인 선택까지 고민하는 이들도 적지 않다. 취약계층의 증가와 이들의 절박한 상황은 통계 자료가 분명하게 보여준다. 이때 그들을 노리는 것이 있다. 취약계층을 대상으로 기승을 부리는 디지털 민생범죄가 그것이다.

경제적으로 힘들면 정신적·감정적으로 취약하기 쉽다. 낮은 이자율을 보장하며 대출 은행을 바꾸라고 휴대전화 메시지를 보낸다. 자녀를 도용해 휴대전화 액정이 깨졌다며 돈을 보내라고 한다. 검찰과 경찰, 금융 당국이라며 개인정보를 요구하고 금융계좌에서 돈을 빼간다. 고수익을 보장하는 사업에 투자하라고 꼬드겨 돈을 빼앗거나 주식 종목을 불러주며 고수익을 보장하니 돈을 맡기라고 속인다. 해외에 있으면서 국내 취약계층을 대상으로 하면 범죄자를 체포하거나 처벌하기 어렵고, 당연히 피해보상을 받을 수도 없다. 범죄를 저지르는 자들도 절박한지 날이 갈수록 더 교묘하고 집요해진다.

디지털 민생범죄는 전화통화, 휴대전화 메시지, SNS 등 언제 어디서나 접속할 수 있는 시스템을 이용하거나 취약계층이 두려워하는 권위 있는 기관의 명의를 도용한다. 해킹 또는 유출된 개인정보가 이용되면 속지 않을 수 없다. 경기침체기에는 정부도 산업진흥, 여야 갈등 등 이런저런 일로 바쁘기에 취약계층에 관심을 두기 힘들고 선거철이 가까이 다가오면 더욱 그렇다. 범죄는 이런 때를 노린다.

민생의 고통은 국가의 위기로 이어진다. 근본적인 대책은 취약계층의 소득을 늘리고 비용을 줄여주는 것으로, 모든 국가기관과 공공단체가 나서야 하며, 기업도 마찬가지다. 취약계층을 대상으로 범죄예방 활동을 상시적으로 펼쳐야 한다. 재산을 빼앗기는 현장인 은행 창구, 현금지급기, 계좌이체 등 오프라인과 온라인에서 위험 징후를 확인하고 경고할 수 있는 시스템을 갖춰야 한다. 데이터, AI 등 신기술을 이용해 지속적으로 개선해야 하며, 관계기관 간 실시간 협력 시스템도 중요하다. 디지털범죄 정보 공유 및 공동 홍보 활동에도 힘써야 하며, 경기침체기일수록 취약계층을 지원할 수 있는 비상 시스템을 적극 가동해야 한다. 그것이 진정한 국가이자 정부다.

# 다시 정의해야 할
# 디지털 소비

디지털 시대는 소비의 많은 것을 바꿔놓았다. 온라인 쇼핑몰에서 식재료를 구입하고 새벽에 배송을 받아 아침식사를 한다. 모빌리티 앱을 이용해 택시를 호출해서 목적지로 이동한다. 포털 또는 온라인 동영상을 이용해 정보를 검색한다. SNS 등 소셜미디어에 글, 사진, 동영상을 올리거나 들여다보며 지인과 소통하며, 배달 앱으로 음식을 구입해 먹기도 한다. 디지털 상품과 서비스를 이용하며 다양한 평가, 후기와 정보를 올리고 공유한다. 소비자의 구매 이력, 취향, 즐겨 찾는 곳 등 개인정보를 비롯해 다양한 데이터가 사업자에게 이전된다. 무료를 표방하는 디지털 상품과 서비스도 공짜는 아니다. 광고 청취를 전제로 하거나 고객이 올린 콘텐츠 등 데이터를 이용하기 때문이다.

디지털 소비의 패러다임이 바뀌고 있다. 과거에는 상품과 서비스를 구입하는 것만으로 군더더기 없이 거래가 종료되었지만, 디지털 시대의 상품과 서비스는 그렇지 않다.

'실험실을 벗어난 실험'이 계속되고 있다. 자동차는 연구소 실험을 거쳐 공장에서 완벽하게 만들어져 출시된다. 하자가 발생하면 보수해주고 심하면 리콜을 받아준다. 디지털 상품과 서비스는 그렇지 않다. 불완전한 상태에서 시장에 나와 고객의 소비 과정에서 끊임없이 업데이트된다. 고객의 반응과 활동을 습득해 상품, 서비스의 질적·양적 개선이 이루어지며 성장한다. 상품과 서비스의 생산 및 제공에 고객이 이바지하는 셈으로, AI 챗봇의 경우 고객이 투입한 데이터를 학습해 서비스 품질을 높인다.

연예기획사의 아이돌 그룹은 기획 단계에서 타깃 고객의 의견을 청취한다. 그룹 멤버의 음악과 활동에 고객이 처음부터 참여하고 피드백을 주고, 그룹 멤버를 따라다니며 팬덤을 형성한다. 글로벌 온라인 동영상 서비스가 확산되면서 고객 팬덤도 글로벌 성격을 띤다. 이것이 세계적인 인기를 누리는 아이돌 그룹의 탄생 배경이다. 식당도 마찬가지다. 끊임없이 고객의 평점과 후기가 달리며, 대가를 받고 후기를 올리기도 한다. 온라인 동영상 서비스에서는 조회수가 많은 채널이 인기여서 고객이 '구독', '알람', '좋아요'를 누르는지 신경을 곤두세운다.

고객의 반응이 디지털 상품과 서비스의 가치를 결정하지만, 디지털 상품과 서비스는 끊임없이 변화하는 까닭에 소비 과정에서 예상하지 못한 위험이 생길 수 있다. 이때 위험이 부당하게 고객에게 전

가되어서는 안 된다. 고객이 지켜야 할 윤리도 고민해야 한다. 디지털 상품, 서비스의 소비 과정에서 명예훼손이나 모욕 등 현행법 위반을 주의해야 하며, 허위 평가와 후기 등으로 거래질서를 오염시켜서는 안 된다.

소비자보호법, 전자상거래 소비자보호법, 금융소비자보호법이 있지만 이 법들은 디지털 시대를 충분히 반영하고 있지 않다. 따라서 디지털 시대의 소비자와 소비 형태를 다시 정의해야 한다. 소비자 보호에 그치지 말고 디지털 소비 활동 자체를 어떻게 보호할지 고민해야 한다.

# 디지털 생태계 속의
# 자율규제

조참은 중국 한나라 2대 황제인 혜제 때의 신하로, 가장 높은 자리인 승상을 지냈다. 그는 시장에서 일어나는 일에 지나치게 관여하거나 상인들에게 법을 가혹하게 집행하는 것을 꺼렸다. 그곳에서는 돈을 벌기 위해 천태만상의 일이 일어난다. 나쁜 사람뿐 아니라 착한 사람도 함께 살아간다. 과도하게 간섭하고 혹독하게 처리하면 나쁜 사람이 의지할 곳 없어 발버둥치고 평지풍파를 일으킨다. 잠깐 참으면 악행을 멈추고, 한 발 양보하면 순리대로 풀린다. 그는 인재를 쓸 때는 인품이 좋으며 후덕한 자를 우대했고, 실력이 있어도 가혹하거나 명성만 좇는 자는 냉대했으며, 그 외에는 아무 일도 하지 않았다. 황제가 보기에 놀고먹는 듯 보여 면박을 주자 그는 고조 유방이 천하를 평정하고 전임 승상 소하가 법령을 정비했으니 황제와 자신은 그에 잘 따르면 될 뿐이라고 대답했다.

고조 유방은 항우와 싸운 끝에 승리해 춘추전국시대에서 진나라로 이어지는 오랜 전란을 끝냈다. 소하 등 우수한 관료와 함께 백성을 괴롭히는 복잡하고 가혹한 법률을 줄여 간략하게 정비했다. 백성은 농상공 분야를 막론하고 편히 생업에 종사할 수 있었다. 혜제와 조참이 여기서 더 잘해보겠다고 법률을 더 만들고 세금을 더 거두고 백성을 통제하면 당연히 백성의 삶은 예전처럼 고단해진다. 시장을 느슨하게 하되 국가의 기반과 근본을 뒤흔드는 일만 단호하게 처리하면 된다. 사마천은 그의 저서 《사기》에서 조참이 승상으로 있는 동안 천하가 활기차고 백성들은 편했다고 적었다.

지금 우리는 경기침체, 물가 상승, 미·중 갈등, 러시아-우크라이나 전쟁, 이스라엘과 팔레스타인의 전쟁으로 숨이 턱턱 막히는 상황이다. 민주화와 정보화가 완성되면서 법률 정보가 대중화되고 국민의 권리의식이 높아졌다. 이런 중에도 국회는 국민을 불안하게 하는 경제적 사건·사고가 터질 때마다 기다렸다는 듯 기업의 의무와 책임을 가중하거나 엄벌하는 법률을 만든다. 선거철이 다가오면 국민의 입맛에 맞는 법률을 경쟁하듯이 찍어낸다. 그때는 필요한 법률일 수 있으나 시장의 반성과 자정 기능이 작동할 시간과 여유가 없다. 시장은 움츠리고 활력이 떨어진다. 국내 기업이 고생하는 사이에 글로벌기업들은 안방을 차지한다. 새로운 산업이 나오면 기존 법률, 기득권과 충돌해 한 발도 앞으로 나가지 못한다.

정부는 온라인 플랫폼 등 규제 법안 이전에 자율규제를 추진해야 한다. 사업자 또는 사업자 단체의 자율규제, 정부 지원책, 이해관계

자와 전문가의 참여, 성실한 자율규제 활동에 대한 보상 등을 고민하고, 사업자의 자율규제를 허용하되 정부가 법령으로 테두리를 마련하고 관리해야 한다.

법치국가에서 규제는 행정관청의 고유 권한이므로 법령이 정한 바에 따라 행사해야 한다. 규제 대상에게 규제 권한을 위임할 수 없고 규제 대상이 규제 주체가 될 수 없다. 자율규제를 합리적으로 해석하면 사업자 또는 사업자 단체가 기업별, 업종별, 쟁점별 등 분야와 영역별로 사건·사고가 발생하지 않도록 내부 통제 시스템을 구축하고 가동하는 법률 준수, 윤리경영 등의 예방 활동을 의미한다.

우리는 민주화와 정보화를 거치면서 법령을 잘 정비해왔다. 오히려 시장의 자율을 해치는 과거의 규제 시스템이 문제로, 규제 법률 정비가 병행되어야 한다. 법률의 차별 없는 해석과 공정한 집행도 필요하다. 치열한 시장에서 사업을 하다가 경쟁 업체의 불공정행위로 인해 뒤처지는 순간 자율규제가 실패할 위험이 크다. 경쟁 업체 모두가 준수해야 하는 자율 규약이 중요한 이유다.

물론 자율규제를 핑계로 경쟁을 약화시킬 수 있다. 자율규제가 기업별 거래 조건을 유사하게 만들어 담합 수단으로 악용되는지 감시가 필요하다. 기업의 자율규제 활동과 정부의 지원, 감시 활동이 명확하게 구분되고 적절하게 배분되어야 한다. 업무가 중복되거나 뒤섞이면 서로 의무를 다하지 않을 수 있으며, 사건·사고가 발생하면 책임을 전가할 위험도 있다. 법령 위반이 발생하지 않도록 두루뭉술하게 조심하라는 경고에 그쳐서는 안 된다. 자율규제로 처리해야 할 사항을 명확히 정해야 한다. 정부와 기업 안에 자율규제 조직과 체계를 유기적으로 구성하는 자율규제 거버넌스도 빼놓을 수 없다.

자율규제는 시장과 기업의 숨통을 열어주는 것이어야 한다. 빡빡하고 촘촘한 법령과 기득권에서 조금이라도 벗어나 시장과 기업의 탄력을 높일 수 있어야 한다. 자율규제의 성과가 디지털 생태계에 참여하는 관련 업체, 소상공인, 근로자에게 고루 돌아가야 한다. 자율규제는 법령 준수 및 윤리 활동을 넘어 기업과 정부의 신뢰를 회복하는 과정임을 잊지 말자.

## 상생의 공존 규제로
## 가는 길

19세기 후반 미국은 산업이 발전하며 석유 수요가 급증했다. 록펠러는 스탠더드오일을 설립해 석유 공급에 나섰는데, 품질 향상에 그치지 않았다. 경쟁 기업을 무자비하게 인수하고 파산시켰다. 생산, 유통망을 장악하고 가격을 통제해 부를 쌓았다. 국민은 불안했고, 언론은 비판을 쏟아냈다. 의회는 셔면 반독점법을 입법하고, 법무부는 소송을 제기했다. 이 결과 연방대법원은 스탠더드오일을 34개 회사로 분할했고, 이에 따라 록펠러 제국은 무너졌다. '경쟁을 부당하게 제거하고 가격을 통제'한 대가였다.

1970년대에 상황이 변했다. 미국은 경기침체와 물가 급등에 직면했다. 기업에 숨통을 열어주되 '소비자 편익 침해' 여부를 반독점 기준으로 삼았다. 좋은 독점은 경쟁 업체의 진입을 부당하게 막지 않는다. 오히려 비효율적인 기업의 진입이 억제된다. 인수합병은 부실기업 정리 및 시너지 증대를 위한 혁신 수단이다. 가격 인상과 생산량 감소가 없으면 독점 폐해가 없다. 이후 반독점법의 집행은 멈추거나 느슨해졌다.

20세기 후반 인터넷과 세계화로 실리콘밸리 기업들이 글로벌경제를 견인했다. 플랫폼으로 가격을 낮춰 소비자 편익을 높였고, 광고를 보는 등 조건을 충족하면 무료 상품도 많았다. 그런데 공급, 유통, 배송업체, 소상공인, 근로자와의 갈등이 불거졌다. 플랫폼은 참여 업체, 소비자의 의존도가 높은 승자독식 시장이다. 소셜미디어와 검색, 광고 등 사업이 집중되어 있다. 플랫폼 이외 기업의 활동과 혁신을 떨어뜨린다. 데이터 활용으로 사생활 위험이 크고, 언론을 예속시킨다. 소비자 편익을 높여도 '플랫폼 참여 업체, 소상공인, 근로자 등의 관계를 착취' 하면 규제가 필요해진다.

미국 의회는 2021년 플랫폼의 업체 차별을 금지하는 혁신 및 선택 온라인법, 플랫폼의 부당한 기업 인수를 제한하는 플랫폼 경쟁 및 기회법, 자사 우대 및 경쟁사 배제를 금지하는 플랫폼 독점 종식법, 진입장벽과 전환 비용을 제거하는 호환성 및 경쟁증진법 등의 입법을 시도했지만 폐기되었다. 글로벌 경기침체와 전쟁, 미·중 갈등을 고려한 부득이한 선택이었다. 반면에 유럽은 디지털서비스법, 디지털시장법을 입법해 강력한 플랫폼 규제를 도입했다. 이는 미국 중심의 디지털시장을 견제하고 회원국 중심의 유럽 시장을 키우기 위한 결정이다.

플랫폼은 큰 손실을 감수하며 투자를 감행해 규모를 키운다. 상품 등 제휴 업체가 몰릴수록 편리하다. 택시를 찾아 배회할 필요가 없이 스마트폰을 열어 호출하면 된다. 검색을 이용하면 상품, 서비스, 맛집, 모임, 전문지식 등 찾지 못할 것이 없다. 소비자 편익이 높아지고 거대 플랫폼만 살아남는다. 다양한 분야에서 융·복합을 거듭하는 디지털 시장을 임의로 획정해 규제하면 경제가 왜곡된다. 시장 점유율 중심 독점 규제를 줄여야 한다.

디지털 시대에는 혁신도 공존에 의존한다. 디지털 상품은 공장에서 완제품이 나오는 것이 아니다. 대충 모양을 갖춰 출시하면 고객의 피드백을 받아 성장한다. AI는 고객의 이용 활동 등 공동체의 공공, 민간 데이터를 학습 재료로 쓴다. 공급, 유통, 배송업체와 근로자는 플랫폼 생태계를 탄탄하게 쌓아 올리는 동반자다. 근로자는 AI에 점차 대체되지만 실력 부족이 아니라 미래를 위한 양보다. 상생해야 마땅하다. 소비자 편익을 우선하되 반독점 판단 기준이 달라져야 한다. 공동체 자산을 공정하게 이용하는지 살펴봐야 한다. 경제 주체의 탈락은 시장 붕괴를 가져온다. 참여 업체와 소상공인, 근로자에게 적합한 역할, 대우, 보상이 뒤따라야 한다. 투자, 소비로 이어져 경제생태계에 재투입할 수 있는 수준인지 중요하다.

플랫폼 생태계의 가치를 함께 만들고 혜택을 고루 나누는 '상생의 공존 규제'가 독점 규제의 핵심이 되어야 한다.

# 4장

# 디지털에서 다시 사람으로

# 우리에게
# 미래는 있는가

국가가 국가다울 수 있는 본질로서의 이데아가 있는가? 국가가 추구하는 이데아가 하나라면 모든 국가의 개성은 사라지고 하나의 통일국가를 만들어야 하지 않을까? 이럴수록 국가 간 인면수심의 분쟁은 끊이지 않는다. 그리스는 도시국가로 번성했다. 통일국가 전 단계의 부족국가로 보기는 어렵다. 도시 형태가 성인 시민을 중심으로 직접민주주의를 실현하기에 적당한 규모이기에 그럴 수 있다. 그리스 올림포스산으로 가보자. 그리스 신은 제우스를 주신으로 여러 신이 자신의 위상과 역할을 가지고 할거한다. 신의 이데아는 없고 신들의 차이가 존재했다. 서로가 지켜주는 도시국가도 따로 있었다.

그와 달리 중세는 여러 국가가 난립했지만 신은 하나다. 하느님을 위해 국가 간에 경쟁하는 시스템이다. 외세 침략이나 신성모독에는 함께 싸우는 등 신의 나라와 교황을 중심으로 이루어진 봉건국가 협의체. 근대 이후에는 각 국가의 왕이 신의 자리를 넘보기 시작했다. 통일국가를 위한 경쟁이 시작된 것이다. 중세 이후로 각 국가의 개성을 보기 어렵다. 현재 유럽은 EU라는 단일국가 모델을 추진하고 있다. 회원국들이 힘을 합쳐 미국에 빼앗긴 영광을 찾자는 것이지만 잘 운영되지 않는다. 회원국의 형편과 이해가 다르기 때문이다. 낡은 경쟁 시스템도 원인 중 하나다. 회원국의 개성에 따른 차이를 시너지로 연결하지 못한다.

국가의 이데아를 찾기 위한 경쟁은 자본주의와 공산주의의 경쟁으로 이어졌다. 세계를 상대로 통일국가 모델이 되기 위한 싸움이다. 지금은 부자가 되기 위한 경쟁이다. 국민의 배를 불리는 국가가 최고 국가 이데아로 평가받는다. 자유와 민주도 경제 하수인으로 전락했다.

우리나라의 경우, 지난 정부에서 부동산 가격을 잡으려고 모든 정책을 썼지만 실패했다. 그런데 태평양 건너 미국이 금리를 인상하자 부동산 가격이 안정되었다. 그런데 오히려 부동산 가격의 추가 하락이 걱정이다. 아침에 일어나면 미국 시장 동향을 들여다보고, 미국 연방준비제도이사회 의장이 무슨 말을 했는지 찾는다. 이것이 옳은 세상인가? 미국과 중국 등 글로벌 강국의 21세기형 식민지가 되는 것이 아닐까. 대한민국은 달라야 한다. 대한민국의 개성과 차이는 어디에 있는가? 과학기술이 정보통신과 연결해 디지털 시대를 열고 있다.

국가의 요소는 영토, 국민, 주권이다. 헌법은 한반도와 그 부속 도

서가 우리 영토이고 국민에게 주권이 있다고 말한다. 디지털 시대에
는 어떨까? 오프라인에 획정된 영토를 말한다면 별문제가 없다. 그
러나 우리 기업은 해외로 진출하고 외국 기업은 들어와 있다. 그것
뿐인가. 경제의 절반 이상이 온라인, 모바일, 메타버스로 넘어가고
있다. 그것은 우리 영토가 아닌가. 오프라인 영토 외에 온라인, 모바
일, 메타버스의 디지털 영토를 넓히자. 그곳에는 경계도 없다. 아이
디어와 기술이 있으면 내 땅이 된다. 여러 민족으로 이루어진 국가
도 있지만, 우리는 단일민족이고 이를 강조했다. 외침을 많이 당한
국가에서 대내외적 단결을 위해서다. 그러나 이제는 아니다. 다문화
가정의 확산과 외국인의 국내 이주가 많아졌으며 그들도 우리 국민

이다.

온라인, 모바일, 메타버스에는 사람의 정신활동을 모방하거나 도와주는 아바타, 가상 인간, AI 등 비인간 존재가 있다. 법인격이 없을 뿐 그들도 우리 국민이다. 온라인, 사이버 주권도 중요하다. 외국이나 범죄 단체로부터 우리 온라인, 사이버 공간을 지켜야 한다. 그것도 우리 영토이고 우리 국민이 생활하는 터전이다. K콘텐츠가 글로벌 영향력을 미치고 있지 않은가. 그들이 진출한 세계 시장도 우리의 디지털 주권이 미치는 곳 아닌가.

흙냄새에 집착하지 말자. IT 강국을 넘어 디지털 강국을 만드는 것만이 대한민국의 미래다.

# 위기에서 찾는
# 대안

지속 가능한 발전은 인류의 미래뿐 아니라 국가와 기업의 경영에도 중요하다. 우리는 과학기술을 활용해 산림, 광물, 화석연료 등 자연을 착취하며 성장했다. 그 결과 자연재해나 전염병, 기후 온난화를 불러왔다. 투입 자원이 줄고 부작용이 늘면서 위기가 왔다.

그것뿐만 아니라 공동체는 재화와 용역을 생산, 소비하고 반복한다. 생산 과정에서 소모되는 노동력을 재투입해 생산을 이어간다. 그런데 현대는 많이 생산해도 필요 없으면 사지 않는다. 저렴하다고 해도 사지 않으며 품질이 좋다고 사는 것도 아니다. 기업이 도덕적이라고 사지 않는다. 결국 기업은 맞춤형 서비스를 위해 데이터, AI 기술로 고용을 대체한다. 신입직원 대신 경력직을 선호한다. 가르칠 시간이 없고 갖춰진 인재를 쓰고 버린다. 직원도 회사를 신뢰하지 않는다. 실적이 줄면서 위기가 온다. 기존 재생산 시스템은 더는 지속 가능하지 않다.

산업화로 이룬 것을 정보화로 버텼다. 성장이 정체되면 빈부 격차가 도드라진다. 평등이 중시되는 나라에서는 견디기 힘들다. 비싼 스마트폰, 스포츠카, 명품 등 자존감을 높이고 열등감을 감추는 상품이 인기다. 명품업체는 우량 고객 위주에서 벗어나 한두 개의 명품으로 자존감을 높이려는 고객층을 끌어들인다. 재생산 시스템의 붕괴 과정에서 별다른 노력 없이 수익을 낸다. 값을 올리면 조금 더 쌀 때 사려고 고객이 몰린다. 명품업체의 성장은 계속될까? 세상을 바꿀 수 없으니 나를 바꾸기도 한다. 성형수술, 미용 산업이 그것이다. SNS 등 소셜미디어로 존재감을 드러낼 수 있어야 인기다. 빈부 격차를 품은 갈등은 재난, 범죄, 이념 등 이슈를 앞세워 정치 쟁점이 되어 거리로 나선다. 재생산 시스템에 위기를 가져오는 또 다른 이유다.

정부, 산업, 교육, 인구 정책과 사법 시스템도 위기다. 해결되지 않는 이슈는 국회로 몰리지만 논란만 키운다. 성과 없는 재생산 시스템을 유지하는 낡은 생태계에 갇혀 있기 때문이다. 정부 정책은 낡은 규제에 몰두한 탓에 예산을 대폭 투입해도 효과가 없다. 예를 들어 홈쇼핑 시장은 모바일로 중심이 옮겨갔지만 채널 편성, 송출 수수료, 생방송, 화면 크기, 중소기업 상품 쿼터 등 TV 유료 방송 플랫폼 중심의 낡은 규제를 이어간다. 공무원도 힘들고 시장도 힘들고 국민도 탈진하고 있다. 취업과 결혼, 출산, 주택 구입이라는 목표를 포기한 채 성공 시대를 살아온 부모에 얹혀산다. 고령층도 불안하기는 마찬가지로, 젊은 세대에게는 미안하지만 일을 놓지 못한다.

수익이 줄어도 고정 매출이 있는 대기업은 불확실한 미래에 투자하기를 꺼린다. 글로벌 빅테크가 화두를 던지면 겁을 내며 따라가다가 서서히 침몰한다. 기존 재생산에 봉사하던 대학은 기업이 고용을 줄이고 학생 수가 줄어들면서 가치를 상실한다. 학생은 취업이 막히면서 대학을 불신하고 진학을 포기하거나 자퇴한다. 사법 시스템은 옛 질서를 지키기에 급급하다 보니 새로운 아이디어는 시장에 나오지 못한 채 죽는다.

콘텐츠 크리에이터, 1인 창업가 등 '아이디어'로 새로움을 찾는 시도가 증가하고 있다. 대기업에 들어갔으면 그럭저럭 살았을 사람들이 창업 시장으로 뛰어들고 있다. 오프라인에서는 열등생 취급을 받을지 몰라도 온라인에서는 인기 많은 아이디어맨이다. 데이터, AI 기술, 쇼핑몰, 지식 콘텐츠, 게임 등 분야도 다양하며, K팝과 웹소설, 웹툰은 부가가치 높은 아이디어의 공급원이다. 그런 사람이 많아야 한다. 창업 기회를 주는 플랫폼 환경도 좋아지고 있다. 데이터, AI 플랫폼을 쓸 기회를 주어야 한다.

대학은 창업가를 양성하고 기술을 연구하는 기관이어야 한다. 정부도 달라야 한다. 창업 인프라 구축, 창업가 양성과 생태계에 집중해야 한다. 사법 시스템도 새로운 아이디어의 기존 법률 저촉이 문제가 되면 관대해야 한다. 지속 가능성 없는 낡은 재생산 시스템을 헐고 창의 중심 시스템으로 새 세상을 열어야 한다.

# 사이버 보안 없는
# 스마트도시

나는 강아지를 기르고 있다. 방문을 열었는데, 소변을 보다가 나를 쨰려본다. 내가 화장실에 있을 때 누군가 문을 확 열어젖힌다면 어떨까? 2021년 전국 638개 아파트의 홈네트워크 제어장치가 해킹되었으며, 몰래 촬영된 집 내부의 사진이나 영상 등이 유출, 판매되었다. 안방조차 안전지대가 아니다.

정부와 지방자치단체가 도시 경쟁력과 삶의 질 향상을 위해 스마트도시 사업을 추진하고 있다. 건설, 기술을 융합하고 연결해 기반 시설을 만들고 지속 가능한 서비스를 제공한다. 인프라 부족, 교통 혼잡, 에너지 낭비, 환경오염, 범죄와 재난을 도시에 첨단기술을 적용해 해결한다. 정보통신으로 촘촘히 연결되므로 사이버 보안 위협과 침해를 막아야 한다.

스마트도시의 배경은 데이터, AI 사회다. 산업사회의 미덕은 좋은 품질의 물건을 많이 생산해 공급하는 것이다. 수요가 떨어지며 재고가 넘치고 허위 · 과장 광고가 늘었다. 규제받자 데이터를 활용했다. 고객의 니즈를 파악해 원하는 상품을 원하는 수량과 방식으로 공급할 수 있게 되었다.

안전하고 품질이 확립된 상품은 플랫폼이 연결한다. 더는 팔 것이 없을 때 무엇을 팔 것인가? 시장은 성장하지 않으면 부작용이 생긴다. 처음에는 오프라인에서 팔던 것을 온라인, 모바일, 메타버스에서도 판다. 게임 아이템, 아바타가 입는 가상 의류와 가방, 블록체인 기술로 위 · 변조를 막은 디지털 자산 NFT 등 온라인과 모바일,

메타버스에서만 쓸 수 있는 상품이 많이 나와야 한다. 생활필수품이 되어 실물경제 영역에 들어와야 한다. 스마트도시는 생활의 편리를 가져오는 행정도시에 그칠 수 없다. 오프라인보다 상거래가 더욱 왕성하게 이루어지는 공간이어야 하며, 그래야만 스마트도시가 성공한다.

스마트도시의 고민을 보자. 전통을 훼손하지는 않을까? 한옥마을, 옛길, 개천을 찾는 시민들의 마음을 읽어야 한다. 전통과 현대의 조화, 개별 도시의 개성과 연결, 도시와 농어촌의 조화, 지역 칸막이 제거 등 다양한 가치를 녹여내야 한다. 스마트도시가 국민의 창의력, 융통성, 자율성, 개방성을 줄이지 않을까? 스마트도시는 집 안까지 연결해 생활이 편리하지만 국민을 수동적으로 만들 위험이 있다. 현대인은 자기 분야 말고는 아는 것이 없다. 데이터, AI가 모든 것을 대신하는 사회에서 개인은 나약하다. 일자리가 줄어든다. 그래서는 안 된다. 개인의 아이디어를 기반으로 생활 혁신과 생계를 꾸릴 수 있도록 지원하는 도시 환경을 제공해야 한다. 국민의 데이터를 광범위하게 수집, 이용, 관리하는 것은 문제가 없을까? 스마트도시가 '빅브라더'가 되지 않도록 구축하고 운영하며, 이 안에 민간의 참여와 통제가 절실하다.

스마트도시가 사이버 위협을 높이지 않을까? 도시가 정보통신에 연결되면 당연히 사이버 위협이 증가한다. 사이버 안보, 지능적인 보이스피싱 등 재산권, 사생활 침해, 보복범죄 등 다양한 범죄 위험이 도사린다. 사이버 위협은 도시를 넘어 국가를 마비시킬 위험이 있으며 국가안보와도 직결된다.

사이버 보안 침해는 대부분 관리 권한을 해킹해 일어난다. 따라서 PC, 스마트폰 등 네트워크에 연결된 말단 장치에는 관리 권한을 줄여야 한다. 많은 일을 원격접속으로 하는 지금, 원격접속 자체가 해킹 경로가 될 수 있으므로 원격접속 관리 권한을 최소화하고, 관제센터를 통한 원격접속 모니터링을 철저히 해야 한다. 침해 기술은 진화하므로 사이버 보안 인프라를 처음부터 탄탄하게 구축해야 한다. 지속적인 업데이트가 중요하다. 이것은 정부와 기업의 역량만으로는 한계가 있다. 민간 전문가, 이용자 참여와 그 피드백에 귀를 기울여야 한다. 정부와 지방자치단체, 참여 기업, 전문가, 일반 국민 등 다양한 주체가 참여해 의사결정하는 책임 체계로서 사이버 보안 거버넌스를 확립해야 한다. '스마트 보안' 없는 스마트도시는 국가를 망친다.

# AI 시대의 대통령은
# 누구인가

떠돌이 청년이 점쟁이를 찾았다.

"재상이 되고 싶습니다."

점쟁이는 어림없다고 하자 청년이 다시 물었다.

"의사가 될 수는 없습니까?"

점쟁이가 꿈이 오락가락하는 이유를 물었다. 백성을 구할 수 있다면 무엇이든 좋다고 했다. 점쟁이가 정색하고 말했다.

"관상으로는 재상도 의사도 어렵네. 그러나 심상(心相)이 좋아 재상이 되고도 남네."

송나라 재상 범문정의 이야기다. 나랏일을 하는 사람이 심상만 좋으면 될까? 실력이 우선이다.

평생 남의 흠을 찾아내던 사람도, 사생활 피해로 고생하던 사람도, 자의반타의반 양보를 거듭하던 사람도 대통령이 될 수 있다. 다른 조건은 없다. 국민투표에서 다수표를 확보하면 된다. 그러나 다수표를 얻은 사람이 대통령이 된다 해도 나라가 잘되리라는 보장은 없다. 'AI 시대에 누가 대통령이어야 할까?'로 질문을 바꾼다면 전혀 다른 답을 찾아야 한다.

대통령은 세월이 너무 빠르다고 느끼는 사람이다. 임기가 5년에 불과한 탓이다. 정부조직 개편, 레임덕으로 앞뒤 잘라내면 일할 수 있는 시간은 어림잡아 3년이다. 많은 일을 할 수 없으니 중요한 일을 해야 한다. 대통령이 되면 무엇을 할지 오래 고민해야 하지만 5년 이내에 이룰 수 있어야 한다. 그래서 선택과 집중이 중요하며, 그 안에 들지 못하는 일은 과감하게 위임해야 한다. 전임자가 추진한 정책 중에도 보석 같은 것이 있다. 약간만 공들여도 성과를 내기 쉽다. 아울러 간판만 그럴듯하고 실속 없는 정책은 들어내야 한다.

대통령 자신만 보지 말고 옆에 있는 사람을 보자. 외교 안보는 누구, 경제는 누구, 교육은 누구, 과학기술은 누구인지 떠오르는 참모를 곁에 두는 사람이어야 하고, 그들이 장관을 맡아 일하게 해야 한다. 엄격한 청문 절차를 고려할 때 참모 풀이 넓고 탄탄해야 한다. 선거운동 전문가는 정책 행정 전문가가 아니다. 당선에 공이 있다고 자리를 맡아서는 안 된다. 공무원은 정년까지 많이 남았지만 대통령은 기껏 5년이다. 공무원은 마음에 들지 않으면 일하는 흉내만 낸다. 성과를 내려면 공무원에게 힘을 실어줘야 한다.

이것이 AI 시대가 요구하는 대통령의 조건이다. 정보화 이후 공공 및 민간에 수많은 데이터가 쌓여 AI 알고리즘과 결합해 창작, 발명이 이루어지고 있으며, 기업 중심의 지식재산 생태계에 개인 참여가 늘고 있다. 유형자산 중심에서 무형자산 중심 국가로 변모시킬 절호의 골든타임이다. 컬컴 등 글로벌 기술 기업의 영업이익은 엄청나다. 추가 비용 없이 로열티로 수익을 낸다. 우리나라를 정보화 강국에서 지식재산 강국으로 바꿔야 한다. 무형자산의 가치를 실감하면 아파트 등 유형자산에 집착하는 것도 줄어든다. 여기서 출발해야 부동산 문제도 풀린다.

퍼스트무버 데이터 · AI 기업이 나올 수 있는 토양을 만들면 좋겠다. 과거 산업체계에 맞춘 정부조직을 획기적으로 개편해 원스톱 정책, 규제 시스템으로 고쳐야 한다. 과학기술, 정보통신, 콘텐츠가 지식재산이라는 큰 범주 아래에서 섞일 수 있어야 AI 시대 융합 환경에 대비할 수 있다. 여기에 고용, 교육, 사회 인프라 등이 자연스럽게 연계되는 생태계가 나와야 한다. 정부 부처 간 협업이 잘되도록 확실한 권한과 책임을 갖는 컨트롤타워를 두거나 큰 조직으로 합치는 것도 필요하다.

얽히고설킨 매듭을 풀다 보면 5년은 금방이다. 칼로 무 자르듯이 풀어야 한다. 정부가 하지 말아야 할 것을 찾는 것도 중요하다. 찾아서 과감하게 그만두자. 정부가 직접 나서지 않아도 되지만, 필요한 일은 민간으로 과감하게 넘기자. 과거 통신사업을 민영화해 정보화시대의 주력이 되었고 AI 시대 핵심 네트워크가 되지 않았는가. AI를 이용해 인권 사각지대를 찾고 재난을 점검, 극복해 안전한 나라를 만드는 것은 기본 중의 기본이다. AI를 활용해 건강, 의료, 주거 확보 등 사회안전망도 늘여가야 한다. 마지막으로 법이 너무 많다. 법은 권리를 제한하고 의무를 지우기 위해 만든다. 법이 많으니 폐해도 많고, 법을 막기 위해 새로운 법을 만들기도 한다. 법은 새로 만들기보다 기존 법을 어떻게 운용하느냐가 중요하고, 필요 없는 법은 없애는 것이 최선이다.

이런 일을 할 수 있다면 AI를 몰라도 AI 시대의 대통령으로 손색이 없을 것이다.

# 품격이 되어야 할
## 사법부

2023년, 우리나라 사법부는 위기였다. 대법원장 후보가 대통령임명권과 국회동의권이 충돌하며 낙마했다. 대법원장의 공백이 장기화되면 신규 대법관 제청 등 법원 행정만이 아니라 전원합의체 사건 등 재판 업무가 영향을 받는다. 증가 추세에 있는 분쟁을 고려하면 재판 지연과 졸속 판결도 우려되며, 그 피해는 고스란히 국민이 감당해야 한다. 이는 대한민국에 '정의'가 비어 있는 것과 같다. 여기에 그치면 다행이지만, 사법부의 위상과 신뢰 훼손으로 이어지면 큰일이다. 판사를 믿지 못하고, 재판 과정을 수긍하지 못하며, 판결에 승복하지 않게 된다. AI가 재판하면 좋겠다는 사람도 있다. 누가 법원에 억울함을 호소하겠는가. 영화처럼 사적 복수를 찾는다면 국민은 끝없는 분쟁에 휩쓸린다.

이승만 정부 때는 집권 초기에 김병로 초대 대법원장의 임명으로 사법부가 독립을 유지하고 독재를 견제하는 아이러니를 제공했다.

법무부 장관 등 국무위원이 추천하고 국민의 신망을 받는 외에는 대안이 없었다. 대통령은 행정부와 국회를 매섭게 대했으나 대법원에는 그러지 못했다. 불편했지만 존중했다. 그래도 정치적으로 불쾌한 판결이 나오면 속내를 숨기지 않았다. 사법권 독립을 빌미로 판사들이 거들먹거리며 직책과 본분을 잊고 있다고 힐난했다. 하지만 대법원장은 꿈쩍도 하지 않아, 판사가 내리는 판결은 대법원장인 신도 이래라저래라 할 수 없으니 항소해서 다투라며 맞받아쳤다. 판사가 정의의 대변인이 되고 청렴할 것을 주문했고 그는 이를 몸소 실천했다. 그가 타임머신을 타고 온다면 다시 훌륭한 대법원장이 될 수 있을까?

사법부의 독립을 위협하는 공격과 회유는 항상 있었다. 사법부를 존중하는 권력이 나오기를 기도에 의존할 수는 없다. 외부 공격을 견디고 사법부를 지킬 맷집을 가진 우두머리 판사가 나와야 한다. 그런 사람이 없다는 것이 현재 사법부 위기의 본질이다.

디지털 시대는 온라인, 모바일 등 생활 영역 확대와 끊임없이 접속한다. 이해관계 대립과 법적 분쟁이 매일 증가한다. 권리의식 확대와 법률 정보 대중화는 재판 과정과 판결의 사소한 흠집도 놓치지 않을 만큼 국민을 법률 전문가로 만들었다.

디지털 시대 대법원장의 자격은 어때야 할까? 정부와 국회를 대할 때 여우처럼 교활하고 사자처럼 용맹해야 한다. 발톱을 숨기고 선량한 눈을 보이지만 원칙에는 타협이 없어야 한다. 국민이 원하는 그

런 사람을 국회 청문회가 낙마시킬 수 있을까? 국회가 문을 닫을 일이다. 임명되면 자신을 추천하고 동의한 권력에 무심하게 등을 돌려야 한다. 정치세력에 편향되지 않아야 한다. 눈을 가린 법의 여신처럼 사적 이해관계에 초연하고 공정함을 놓치지 않아야 한다.

사법부의 위상은 판사가 똑똑하다고 얻은 자리가 아니다. 공정한 재판을 국민과 헌법에 다짐했기에 얻은 명예다. 국민을 가르치겠다는 엘리트 의식을 버리고 진심을 보여야 한다. 패소 당사자에게 억울함이 없는지 살펴야 한다. 학력, 인맥이 아니라 법과 양심에 따라 재판해야 한다. 신속하게 재판해 국민이 분쟁에서 빨리 벗어나게 해야 한다. 일서는 판사의 재판에 영향을 주지 않으려면 그들을 우대하고 말과 행동에 신중해야 한다. 국민의 신망을 얻으면 누가 사법부를 자기 입맛대로 조정하려 꿈이라도 꾸겠는가.

대법원장은 디지털 미래를 고민해야 한다. 헌법은 우리 영토를 한반도와 그 부속도서라고 한다. 정말 그럴까? 국민의 활동 영역은 K콘텐츠를 필두로 온라인, 모바일, 가상공간으로 넘어간다. 그곳에는 경계도 없다. 아이디어와 기술이 있으면 그곳은 우리 땅이다. 사람도 마찬가지다. 디지털 영토에 아바타, AI 휴머노이드, 로봇이 등장해 우리를 위해 일하고 있다. 국민의 확장이다. 디지털 약자에 귀 기울이고 사이버 주권까지 고민해야 한다. 디지털 시대 사법부의 위상과 권위는 대한민국의 품격을 넘어 국가 생존을 위한 필수재임을 잊지 말자.

# 우리에게 절실한
# 리더

1598년, 이순신 장군은 도주하는 왜적을 노량에서 막아 크게 무찔렀다. 그의 전략은 국토를 유린한 왜적을 벌하고 재침략을 막는 것이었다. 왜란 당시 주력은 도요토미 히데요시의 가신들로 이루어진 일본 관서 지역 다이묘들이었다. 관동 지역 도쿠가와 이에야스는 왜란에 참전하지 않아 병력을 보존했고, 도요토미 잔존 세력을 쉽게 제거하고 일본을 제패했다. 이후 조선과는 약 260년간 평화를 유지했다. 반대로 생각해보자. 이순신 장군이 왜군 주력을 쫓지 않고 대부분 살려 보냈다면 어땠을까? 그 결과 세력을 유지한 도요토미 잔존 세력이 도쿠가와 세력과 비등하게 싸웠다면 일본이 오랫동안 내전에 시달려 스스로 몰락했을지도 모른다. 그러나 역사에는 가정이 없다.

남미 작가 보르헤스의 단편소설 〈배신자와 영웅에 관한 논고〉를 살펴보자. 1824년 당시 아일랜드는 영국에서 독립하기 위해 끊임없이 반란을 일으켰으나 실패했다. 배신자가 있는 것이 분명했다. 아일랜드 대장 킬패트릭은 부하들의 요구에 따라 배신자 색출과 제거를 명령했는데, 조사 결과는 놀라웠다. 배신자는 바로 킬패트릭 자신이었다. 그 사실을 아일랜드 민중이 알면 독립을 위한 반란은 실패가 명백했다. 반란군은 킬패트릭의 결단을 받아들여 그가 영국군에게 암살되는 것으로 꾸몄다. 그 결과 아일랜드 민중의 분노는 독립의 기폭제가 되었고 킬패트릭은 영웅으로 역사에 남았다. 리더는 결단에 따라 배신자가 영웅이 되기도 한다.

일본 전국시대 오다 노부나가는 이길 수 있는 상황을 만들지 않고는 싸움을 하지 않았다. 첨단 무기로 총포를 도입했고, 사격 전술을 바꿨으며, 막다른 상황에서만 승부를 걸었다. 요시모토의 대군을 맞아 5분의 1에 불과한 세력으로 정보전과 기습전을 펼친 끝에 이겼다. 이에 반해 명나라 숭정제는 후금이 침입할 때 간신의 말을 듣고 충신 원숭환을 죽이는 잘못된 결단으로 나라를 망쳤다. 《초한지》의 항우는 자존심 때문에 재기의 기회를 포기하고 유방군의 병사들에게 헛되이 목숨을 잃었다.

그들의 결단은 최악으로 평가받는다. 달리 결단했다면 다른 성적표를 받을 수 있었을까? 미국 시인 로버트 프로스트는 〈가지 않은 길〉에서 두 갈래 길 중 누구도 가지 않은 험한 길을 갔기에 성공을 이룬 것처럼 적었다. 그런데 많은 사람이 가는 길을 따라갔다면 더 큰 성공을 거둘 수 있지 않았을까. 리더의 판단은 쉽지 않고 결단은 결과로 평가받는다.

디지털 시대는 투명하다. 결단 과정과 결과가 투명하게 공개되고 전파된다. 매순간 언론, 노조, 시민의 감시와 정적의 비판에서 벗어날 수 없으며 반대 세력은 목소리를 낮추지 않는다. 감시와 견제가 많은 탓에 양보, 절충, 사과를 통한 협상은 쉽지 않다. 인적 오류를 피하기 위해 결단 과정을 과학기술, 정보통신, 데이터와 AI에 의존한다. 글로벌 트렌드에 민감하다 보니 따라 하는 경로 의존성 결단이 많고, 법령에 정해진 절차를 하나라도 거치지 않으면 결단을 실행할 수 없다. 디지털은 미래를 위한 결단을 창의적 아이디어보다 과거의 데이터에 의존할 것을 요구하기도 한다. 결단은 그만큼 어렵고 결과에 대한 책임은 무겁다.

디지털 시대의 진정한 리더를 찾기 어렵다. 1년, 3년 등 단기를 기준으로 평가가 이루어지다 보니 미래를 위한 투자에 소홀할 수 있다. 단기 실적을 위해 회사에 손실을 가져다줄 결단을 할 위험도 있다. 투명성과 공정성을 강조하다 보니 재량에 따른 신속하고 창의적인 결단을 내리기 어렵다. 결단 결과만 아니라 과정도 세세히 평가받고, 결단 과정을 매뉴얼로 만들어 책임을 회피한다. 리더가 할 수 있는 것이 많지 않다. 2002년 국가대표 축구팀 감독은 실력을 의심받았지만 국민이 그 결단을 존중하고 기다렸기에 4강 신화를 이루었다. 구성원은 리더의 창의와 결단을 존중하고, 리더는 결과에 책임져야 디지털 시대가 산다.

# 디지털 시민의
## 자격

작가 프란츠 카프카의 단편소설 〈법 앞에서〉를 보자. 법 앞에 문지기가 있다. 시골 사람이 와서 들어가게 해달라고 요구한다. 문지기는 들어갈 수 없다고 한다. 자기를 힘으로 제압하고 들어가도 안에 또 다른 문이 있다며 막아선다. 시골 사람은 문지기가 마련해준 의자에 앉아 마냥 기다린다. 문지기에게 돈을 주기도 했지만 맡아둔다며 돈만 챙길 뿐 문을 열어주지 않는다. 날이 가고 해가 갔다. 시골 사람은 늙고 병들어 삶이 얼마 남지 않았다. 문지기에게 그동안 가슴에만 품고 있던 질문을 한다.

"나 말고 이 문에 들어가려는 사람을 한 명도 보지 못했는데, 이유가 뭔가요?"

문지기가 황당하다는 듯이 답했다.

"그것은 당연하오. 이 문은 오직 당신을 위해 마련된 문이기 때문이오. 그대가 죽으니 이제 문을 닫겠소."

법으로 허용된 권리조차 행사할 수 없는 시대가 있었다. 디지털 시대라고 다를까.

원하는 것을 마음껏 누릴 수 있다면 '자유'를 가졌다고 볼 수 있다. 자유를 누리려면 국가나 제삼자의 간섭을 받지 않아야 하며, 그들에게 필요한 것을 요구할 수 있어야 한다. 이것이 권리다. 누군가 권리를 행사하면 국가나 제삼자는 어떤 일을 하거나 하지 말아야 할 '의무'를 부담한다. 의무를 위반하면 손해배상, 처벌 등 '책임'을 져야 한다. 권리, 의무, 책임은 공동체 또는 그 구성원에게 부담을 주므로 법적 근거가 있어야 한다.

디지털 시대를 살려면 오프라인 외에 온라인, 모바일, 메타버스 등 공간에 접속할 수 있어야 한다. 그 안에서 또 하나의 삶이 이루어진다. 접속하지 못하거나 접속이 끊기면 그 삶을 잃는다. 접속이 우리 삶을 불편하게 하거나 위험을 가져오면 언제든 끊을 수 있어야 하고 필요하면 다시 연결할 수 있어야 한다. 디지털 공간에서 우리가 원하는 삶을 누릴 수 있어야 하며, 그것이 디지털 시대의 자유다.

이 자유를 누리기 위해 반드시 확보되어야 할 권리가 있다. 디지털 상품 또는 서비스의 가입 이용권, 해지권, 복잡한 데이터 홍수 속에서 진실을 알 권리와 잊힐 권리, 상품과 서비스 개발 제공에 활용되는 개인정보에 관한 정보 주체의 권리, AI 알고리즘의 작동 원리 등의 설명을 요구할 권리가 그것이다. 그 권리를 지켜줄 의무가 국가, 사업자에게 부여되고, 그 권리를 방해하지 않을 의무가 제삼자에게

부여되어야 한다. 디지털 시대를 살아가는 모든 사람은 자신의 디지털 자유를 위한 권리자면서 제삼자의 디지털 권리를 위한 의무자가 된다.

　법에 권리가 규정되어 있더라도 절차가 까다롭고 행사하기 어렵다면 그것도 문제다. 과학기술과 정보통신 발달로 디지털 전환이 급속하게 이루어지고 새로운 산업과 시장, 서비스와 상품이 나오고 있지만 기존 법령이나 이해관계에 막혀 그 자유와 권리를 행사할 수 없

는 경우가 부지기수다. 주무 관청만 달리할 뿐 비슷한 내용을 가진 법들이 충돌하고 권리를 구제하는 절차도 명확하지 않거나 까다롭다. 법으로 주어진 권리이지만 법이라는 문지기에게 막혀 날이 가고 해가 간다. 젊은 기업들이 창업하지만 꽃을 피우지 못하고 그만두는 일도 빈번하다. 규제 샌드박스 같은 임시방편으로 고비를 넘기고 있고 그조차 이해관계가 충돌하면 수년간 발이 묶인다.

디지털 시대라고 새로운 권리가 무작정 늘어나는 것도 유의해야 한다. 누군가의 자유를 지켜주기 위한 권리는 세금을 가져다 쓰는 예산이나 제삼자의 의무로 뒷받침되어야 하기 때문이다. 한번 만들어진 권리는 시대가 변해도 쉽게 없어지지 않는다. 새로운 세상을 위한 산업과 시장, 상품과 서비스의 등장을 방해할 수 있다. 그 권리를 줄이거나 없애려 또 다른 입법을 해야 하고 그 입법 과정에서 갈등이 양산된다. 타인에 대한 배려 없이 자신의 권리만 주장한다면 디지털 시민의 자격이 없다.

# 일상으로의 복귀,
# 잊힐 권리

우리는 끊임없이 교류하며 지낸다. 기억하고 싶은 순간도 있지만 반드시 그런 것만은 아니다. 잊힐 권리를 촉발시킨 사람이 있다. 스페인 변호사 곤잘레스는 2009년 구글 검색을 하고서는 깜짝 놀랐다. 자신이 빚을 갚지 못해 집이 경매로 넘어갔다는 10년 전 언론 기사가 아직 있었던 것이다. 하지만 구글은 지워주지 않았고, 그는 소송을 제기했다. 2014년 5월, 유럽 사법재판소는 그의 손을 들어주었다. 오랜 기간 게시되어 보도 목적을 달성했으며, 현재 그의 상황도 옛날과 달라졌고, 그의 프라이버시를 침해해서는 안 되므로 검색에서 제외하라고 판결했다. 소송에서 이겼지만 아이러니하게도 그의 과거를 모르는 사람이 없게 되었다.

다른 사례도 생각해보자. 누군가 파렴치범으로 몰려 법원 1심에서 유죄판결을 받았다. 언론에서 다루었고 인터넷 블로그, 카페, 소셜미디어에서 공유했다. 법적 다툼 끝에 대법원 무죄판결이 확정되었다. 불행하게도 무죄 확정은 보도되지 않았고 파렴치범이라는 기사만 검색되었다. 외국 여교사 이야기도 있다. 젊은 시절 생계를 위해 유흥업소 스트리퍼로 활동한 그녀는 뒤늦게 공부해 교사로 취업했다. 하지만 스트리퍼 시절의 사진이 온라인에 유포되는 바람에 해고당했다. 오래전의 음주운전, 탈세 등 범법 사실 기사나 자신에게 비판적인 내용을 실은 기사를 인터넷에서 지우려 했지만 실패한 정치인도 적지 않다.

당신은 누구 편을 들고 싶은가? 일반인도 볼 수 있게 게시된 온라인 정보가 있다. 사생활 침해, 명예훼손 등 타인의 권리를 침해하고 있다. 이 경우라면 침해를 받은 사람이 인터넷 사업자에게 삭제 등을 요청할 수 있지만, 이 권리는 위법한 정보에만 행사할 수 있다. 여기에 고민이 있다. 잊힐 권리는 직접 또는 제삼자가 온라인에 게시한 적법한 표현물에서 받는 고통으로부터 자유로울 권리다. 온라인 정보는 전파가 쉬워 확산되면 피해가 클 수 있다. 제삼자가 올린 정보는 표현의 자유로 보호되므로 나에 관한 것이라도 명예훼손, 저작권 침해 등 법령에 위반되지 않으면 지울 수 없다.

잊힐 권리를 도입할 필요가 있을까? 반대 여론도 적지 않다. 정치인 등 공인에게 과거를 세탁할 통로가 되고, 언론 등 표현의 자유를 제한하며, 국민의 알 권리를 침해한다. 언제라도 지울 수 있으니 무책임한 글이 온라인에 범람해 문화 오염을 가져올 수 있다. 잊힐 권리를 찬성하는 사람도 있다. 그들은 정치인 등 공인의 악용을 막되

데이터 홍수 시대에 일반인의 사생활과 명예를 보호해야 한다고 주장한다.

자신이 올린 게시물은 아이디와 비밀번호를 찾아 직접 지울 수 있다. 물론 게시물을 올린 사람이 사망했다면 유족이 그 권리를 행사할 수 있다. 게시물을 관리하는 사업자가 폐업 등으로 존재하지 않는다면 정부 등의 도움을 받아야 한다. 물론 내가 올린 게시물이라도 제삼자와의 계약 등으로 법적 의무와 책임을 지닌다면 함부로 지울 수 없다. 제삼자가 올린 게시물의 경우 표현의 자유를 생각한다면 함부로 지울 수 없다. 그러나 표현물이 게시된 날로부터 오랜 기간이 경과해 표현의 자유가 목적을 달성했다면? 현재는 당시와 다른 상황이다. 미성년, 장애인 등 사회적 약자가 과거 표현물로부터 극심한 정신적 고통을 받고 있다. 그렇다면 이들에 국한해 최소한의 보호 수단으로 도입하면 어떨까. 물론 원본 데이터는 원 사이트에 남아 있다. 검색되지만 않도록 해달라는 것이다. 검색되지 않게 하는 기술적 조치는 소요 비용과 경영 부담 등을 고려해 합리적으로 결정해야 한다.

사회적 약자가 누군가가 올린 글이나 사진, 영상에서 받는 극심한 고통에서 일상으로 돌아오게 하는 '작지만 견고한 다리'를 놓아줄 필요가 있지 않을까. 이것이 디지털 배려다.

# 시대가 바뀌어도
# 투쟁은 계속된다

첨단산업으로 풍요로운 사회이지만 그럼에도 더 강한 집단에 소속되고 더 많이 소유하기 위해 싸운다. 그렇게 성취해야 진짜 자유로운 삶을 얻는다고 믿는다. 그로써 얻은 자유의 획득 과정과 결과가 타인의 자유를 침해해도 좋을까?

자유란 무엇인가? 영국의 철학자 이사야 벌린의 《자유론》을 보자. 소극적 자유는 외부의 간섭이나 방해를 받지 않을 자유다. 강물이나 모닥불을 멍하게 바라보면서 '격렬하게' 아무것도 하고 싶지 않다. 적극적 자유는 내 삶을 스스로 결정하고 행동에 옮기는 자유다. 그런 삶은 공동체 안에서 실현되므로 타인에게 영향을 준다. 조직력, 강제력, 속임수를 동원하면 공동체를 전체주의 등 위험에 빠트릴 수 있다. 그러지 않으려면 공동체의 다양성과 타인의 자유를 존중해야 한다.

정신분석학자 에리히 프롬은 '자유로부터의 도피'를 말한다. 인간은 중세 봉건, 왕조의 예속에서 해방되면서 처음으로 자유를 가졌다. 과거에는 권력이 시키는 일을 하면 보호받으며 살 수 있었다. 자유 상태에서는 모든 것을 스스로 판단, 선택, 결정하고 결과에 책임져야 한다. 그 부담은 불안을 동반한다. 견뎌내지 못하면 광신적 종교, 정치집단 또는 약물 등에 빠져들기 쉽다. 정신적·물질적 울타리를 얻지만 진정한 자유를 빼앗기고 노예 상태로 돌아간다. 권위주의적 도피로 사이비종교, 정치집단에 넘어가 피해를 보고, 타인에게 고통을 주는 파괴적 도피를 하기도 하고, 단조롭고 반복적인 습관에 중독되어 기계적 도피에 이르기도 할 뿐만 아니라 대중문화, 유행 등에 탐닉해서 순응적 도피에 빠지고, 결국 공동체와 타인의 자유를 파괴한다.

디지털 시대는 공동체 안에서 세상과의 접촉면이 넓어지고 촘촘해진다. 교통, 통신의 발달로 서울 등 수도권에 삶이 집중된다. 아파트, 대중교통, 직장, 쇼핑몰 등 밀착형 생활공간이 늘고, 오프라인에서 시작해 온라인과 모바일, 가상공간으로 확대된다. 누구나 언제 어디서나 단톡방, SNS, 게임, 온라인 쇼핑몰, 메타버스 등 디지털기기로 접속할 수 있다.

여기서 데이터, AI 기술을 기반으로 새로운 산업이 등장하고 옛 시장과 충돌한다. 모빌리티, 데이터, AI 등 기업은 시장을 개척할 자유를 외치지만 기존의 기득권과 끝없이 싸운다. 온라인은 접속을 통한 경제적 편리를 가져왔지만 다양한 가치와 이해관계가 충돌한다.

법률정보 대중화와 권리의식 증대로 웬만해서는 양보가 없다. 법률 조문을 들이대고 욕설을 하며 다툼을 이어간다. SNS에서 논쟁하다가 분을 참지 못하면 실제 만나 주먹다짐을 하기도 한다. 비슷한 경험과 생각을 지닌 동조자를 규합해 집단싸움에 이르거나 '신상털기'로 약점을 찾아내어 공격하기도 한다. 규모가 큰 분쟁은 정치 쟁점으로 만들고 보수와 진보로 나뉘어 다툰다. 언론의 관심을 받으면 분쟁은 걷잡을 수 없이 커진다.

디지털 공간은 얼굴을 직접 보지 않아 긴장감이 떨어지고 예의와

배려를 잊기 쉽다. 좋아질 기미가 없는 경제 환경에 정신을 쏟을 여유가 없다. 나의 자유만 중요하고, 타인의 자유는 안중에 없다. 자유와 자유의 끊임없는 투쟁이 이어진다.

인간에게는 이성과 비이성이 있다. 비이성을 자유의 영역으로 올려 실현하는 경우도 있다. 실리콘밸리의 자유는 남다른 아이디어를 내어 글로벌 빅테크 기업으로 키울 수 있다. 일론 머스크가 전기자동차와 위성사업을 하겠다고 했을 때 AI가 알았다면 당장 그만두라고 했을 것이다. AI 학습 데이터에 미래가 들어 있지 않기 때문이다. 삼성이 처음 반도체를 하겠다고 했을 때도 마찬가지 아니었을까.

자유를 가진 인간만이 할 수 있는 일이다. 인간의 비이성을 자유의 영역으로 올리면 잘못된 결과도 낳을 수 있다. 독일 나치는 유대인을 학살하는 방법으로 독일 민족의 자유를 실현하려고 했다. 새로운 시장가치를 창출하는 AI를 개발하면서 사람의 생명, 신체의 안전에 미치는 위험을 간과할 수 있다. 비이성은 창의와 혁신의 영역에서 새로운 미래를 창조하지만 범죄의 영역으로 가면 공동체를 망하게 한다.

디지털 시대에는 인간의 존엄과 가치를 높이면서도 의무와 책임이 분명한 건강한 자유 관념을 확립해야 한다. 디지털이 가져오는 새로운 가치를 존중하되 기득권을 무시해서는 안 된다. 기득권을 포섭할 방안을 찾아야 한다. 타인보다 무조건 많은 자유를 가지려고 해서는 안 되며, 하나의 가치만을 맹종하지 말고 다양성을 존중해야 한다.

나의 자유 확대가 타인의 자유를 침해할 위험이 있음을 항상 유의해야 한다. 새로운 자유를 만들려는 노력도 신중해야 한다. 새로운 자유가 기존의 자유와 맞부딪히면 갈등과 분쟁에서 벗어날 수 없다. 누군가의 자유만 살아남을 수 없다. 소통하고 양보해 대안을 찾아야 한다. 키오스크를 이용해 영업할 수 있는 자유가 있다면, 디지털 약자도 쉽게 키오스크를 활용할 수 있는 자유가 있어야 한다. 공동체를 위해 법을 만들고 권리를 신설하면 국가 재정, 민간기업 비용이 증가한다. 자유의 신설에 이득을 보는 사람 외에 피해를 보는 사람이 있는지 살펴야 한다.

　디지털 시대, 진정한 자유가 만들어지려면 구호에 그치지 말고 공동체의 안정과 타인의 자유 존중이 우선되어야 한다.

# 역사가 묻고
# 디지털이 답하다

1945년 연합군의 승리로 일본 침략은 끝나고 우리는 해방되었다. 미국은 동북아시아를 소련에 빼앗기지 않으려고 일본을 최전방 전략기지로 삼았다. 한반도는 빼앗겨도 어쩔 수 없었다. 모든 것이 취약했던 첫 정부의 선택은 외교였다. 미국과의 동맹을 강화해 공산주의 침략을 막고 경제 지원을 받았다. 국가행정은 고급 인력이 부족했기에 일제 침략에 부역한 친일 관료와 지식인을 등용했다. 일제 강점과 6·25전쟁의 여파로 국민은 가난에서 헤어나지 못했다. 권력은 독재로 지켜졌다.

4·19혁명과 5·16군사정변을 거쳐 군사정부가 탄생했다. 북한의 위협을 막고 경제발전에 매진했으며, 일본의 일제 강점 보상금, 베트남 참전 등으로 재원을 조달했다. 인프라 시설 구축과 산업화를 위해 대기업에 일을 맡기고 기회를 줌으로써 성과는 컸지만 부작용도 있었다. 부익부빈익빈, 근로자들의 희생이 그것이다. 10·26사

태 이후의 군사정부도 연장선에 있다. 물가안정 등 경제기조를 유지했지만 권력 정통성을 의심받았고 인권 문제가 제기되었다. 이후 민주화 추진으로 점차 인권이 개선되었고, 산업과 경제는 정보화와 세계화로 이어졌다.

미·소 냉전이 끝나고 세계는 인터넷 등 정보화로 연결되었다. 정보통신의 발전은 지구촌 경제의 칸막이를 제거해 자유무역과 온라인 플랫폼 등 성장의 계기를 만들었다. 미국은 첨단산업의 기획, 설계를, 다른 나라는 제조, 생산을 맡았다. 세계화는 미국 중심의 경제 시스템을 만들고 글로벌 동반성장을 촉진했지만, 중국 등 공장을 맡았던 국가에서 인건비가 올라 생산성이 떨어지자 이들 나라에서 첨단산업의 기획 및 설계 분야에서 두각을 나타내기 시작했다. 2008년 금융위기, 2019년 코로나 팬데믹을 거치며 글로벌 경기 침체 등 위기가 왔다. 미국은 중국 등 떠오르는 경제 강국을 경쟁 상대로 보기 시작했고, 이 결과 세계는 분쟁과 갈등을 일으키기 시작했다.

우리나라는 해방 이후 보수 세력이 오래 집권했다. 핵심 안건은 산업화 등 경제발전이었다. 경제가 궤도에 오르자 민주화와 정보화로 옮겨져 진보 세력이 집권할 수 있었다. 이는 인터넷 발전과 국민의 권리의식 향상에 힘입었다. 정보화는 인터넷의 확산과 발전으로 국민의 자유와 권리의식을 높였고 집권 기반이 되었다. 통신, 방송, 온라인, 모바일 등 분야에서 새로운 산업이 일어났고, 전자와 반도체, 소재, 부품, 소프트웨어, 플랫폼도 발전했다. 보수와 진보 세력이 교대로 집권하면서 초대 및 군사정부의 정통성, 일본 관계, 북한 해법 등 전통적인 이념 논쟁을 제외하고는 차이를 보이지 않는다. 국민의 눈은 경제를 바라보고 시장은 디지털로 가고 있다.

디지털 시대에는 경제 문제 해결이 정치 핵심이다. 온라인으로 정치판을 실시간 중계한다. 국민은 의견을 적극적으로 개진하고 행동한다. 뉴스 채널을 넘어 카카오톡, 유튜브 채널로 합종연횡을 거듭하고 소통한다. 논의가 여과 없이 드러나고 파일로 돌아다닌다. 거칠수록 조회수가 높고, 인신공격도 마다하지 않는다. 증거로 남는 세상이다. 좋든 나쁘든 노출되고 발각된다. 불법 정치자금이 사라지면서 돈으로 연결된 정치가 약해졌다. 국민의 뇌리에 남는 오랜 정치인도 사라졌다. 흠을 찾아내고 비방하며, 골수 지지층은 패거리를 지어 정치인 '팬덤'을 형성한다. 정책대결은 사라졌다. 국민의 시선은 차갑다 못해 따갑다.

암울한 상황뿐일까? 디지털에서는 드러나 있기에 혼탁해 보이지만 숨은 혼탁은 없다. 무질서 속에 질서가 있다. 사막에서 오아시스가 빛나듯 짧은 시간에 두각을 내는 정치인이 나온다. 참신함과 도덕성에 경제 등 현안에 대한 식견과 역량을 갖추면 노회한 정치인을 따돌리고 선택된다. 정치가 국가 과제를 찾고, 해결책을 제시하고, 집행하는지 눈을 부릅뜨고 지켜봐야 한다. 정치를 판단할 수 있는 역량을 갖추고 법과 선거로 책임을 물어야 한다. 디지털에서는 경제 침체와 정치 무능을 정치인 탓으로만 돌릴 수 없다.

# 디지털 시대의
# 정당

메이지유신 이전의 일본은 도쿠가와 막부 쇼군이 일왕을 대신해 약 260년에 걸쳐 통치했다. 쇼군 휘하에 직할령과 봉건 영주인 다이묘가 다스리는 약 300개의 번이 있다. 줄곧 쇄국정책을 취했던 막부는 재정 악화, 경기 침체, 외세 침략, 농민 반란으로 혼란기에 접어들었다. 당시 봉건영주의 주류는 막부에 의한 통치를 유지하자는 정치세력과 막부를 없애고 일왕이 직접 통치해야 한다는 정치세력으로 나눠 싸웠다. 나라가 망하기 일보 직전이었다.

해결 실마리는 주류 세력에서 나왔을까? 아니다. 여기서 일개 낭인이 등장한다. 하급 무사 사카모토 료마는 제삼의 세력인 토사 번을 통해 '쇼군이 통치권을 일왕에게 반납하되 쇼군 지위를 유지하면서 일왕의 최고 신하가 되는 안인 대정봉환'을 제안했다. 이 제안은 주류 세력의 예상과는 달리 받아들여졌고, 메이지유신의 시작을 알린다.

그러나 시대를 막론하고 소수 의견은 통하기 쉽지 않다. 주류 정치세력이 크고 오래될수록 반대 의견을 막고 권력 유지와 행사에 급급하다. 국가 사회가 퇴보하고 새로운 정치세력과 의견이 나오지 않는다. 우리도 보수, 진보를 표방하는 두 개 정당이 국회를 장악하고 있다. 모두 부패를 싫어하지만 부패하고, 모두 정의를 사랑하지만 정의롭지 않다. 정책도 겉만 다를 뿐 속은 비슷하다. 다른 정당의 흠을 찾고 비난하는 행태도 다르지 않다. 역사적 과거에 대한 평가만 다르다. 이들 정당을 대신하거나 겨룰 힘을 가진 정당은 기대하기 어렵다.

디지털 시대 정치는 복잡하고 오묘하다. 아날로그 시대라면 알 수 없던 각종 이면 논의가 여과 없이 드러난다. 음성, 이미지, 동영상 등 파일로 만들어져 돌아다닌다. 각종 정치 문제가 온라인, 모바일에서 다양하고 수많은 주체와 방식으로 배출되고 소화된다. 배포 내용과 방식이 거칠수록 조회수가 높다. 소셜 미디어, 댓글, 공유하기, 좋아요 누르기, 칼럼, 블로그, 오프라인 집회 등을 통해 유통된다. 마치 찬성과 반대의 두 가지 의견만 존재하는 것 같다. 인신공격도 마다하지 않는다. 객관적이고 합리적인 의견이나 다른 의견을 회색적·기회주의적이라고 비난한다.

지역, 사상 편향의 특정 정당 골수 지지자가 많지만 그렇지 않은 디지털 인류가 쏟아져 나오고 있다. 그들은 새로운 정치인과 새로운 이슈, 아이디어, 해법에 목말라 한다. 정당법의 정당 설립 요건은 1

천 명 이상의 당원을 가진 시·도 당을 최소 5개 이상 갖출 것을 요구하는 등 엄격하다. 온라인에서 만나는 디지털에서는 서울과 지방이 따로 없다. 새 정당의 등장이 어려우면 디지털 세상의 정치 수요를 감당할 수 없다.

디지털 시대 국민의 관심은 다양하다. 어떤 이슈는 A 정당을 지지하고 다른 이슈는 B 정당을 지지할 수 있다. 예를 들어 원자력발전의 허용 문제는 A 정당을 지지하고 대북관계 해법은 B 정당을 지지하는 식이다. 한 개 이슈에서 결론은 A 정당을 지지하고 그 절차는 B 정당을 지지할 수 있다. 특정 지역에서만 활동하거나 특정 계층이

나 특정 이슈만 다루는 정당도 있어야 하지 않을까.

다양한 형태와 주장을 가진 정당이 등장하기 쉽게 범주화하고 등급을 나눠 지원할 필요가 있다. 정당의 범주와 등급에 따라 다른 설립 요건과 활동 요건을 적용하면 된다. 선거에 출마하는 후보도 여러 정당이 이합집산해 공동 후보를 배출해도 되지 않을까. 선거구도 거대 정당 외에 다른 아이디어를 가진 제삼의 후보가 많이 당선될 수 있어야 한다. 물론 정당이 법령을 위반하면 엄벌해야 한다.

정당 이기주의도 없애야 한다. 가짜뉴스의 생성과 전파 등 네거티브 정쟁에 몰두하는 것을 용납해서는 안 된다. 정당을 정책과 함께 '관계 중심'으로 평가해야 하며, 의견이 달라도 토론과 타협, 양보에 진심인 정당을 높게 평가해야 한다. 디지털 시대에는 그런 정당만이 집권 자격이 있다.

# 정치 팬덤과
# 측은지심

극단적인 대결 정치와 정치 불신 시대에도 어김없이 선거철은 다가온다. 선거를 앞두고 노회한 정치인들과 정치 지망생들이 꿈틀거린다.

중국 당나라 시인 유우석의 시 〈처음으로 가을바람 소리를 들으며〉의 한 구절을 보자.

말이 변방의 풀을 먹을 생각하니
말린 털이 꿈틀대고
독수리는 푸른 구름을 보려고
졸린 눈을 번쩍 뜨네

국회의원 등 정치인은 선거에서 이기려고 부끄럼 없이 이합집산을 거듭하면서 기지개를 켜고 있다. 어떤 사람을 국민의 대표로 뽑아야 할까. 한국정치커뮤니케이션학회는 국회의원 연구단체 '일치를 위한 정치포럼'과 함께 매년 '국회를 빛낸 바른 정치 언어상'을 시상한다. 공모로 선정된 연구진의 평가지표에 따라 국회의원의 국회 공식 발언을 대상으로 객관적이고 공정한 심사로 수상자를 결정한다. 선정된 국회의원들은 보도자료 배포 등 지역구 주민과 지지자들에게 이 사실을 알린다. 선정된 국회의원의 부모님, 자녀 등 가족들이 더 좋아한다. 그러나 이 상의 선정이 좋다고만 할 수 없는 것도 현실이다.

디지털 시대는 카카오톡, 유튜브, 페이스북 등 다양한 디지털 매체로 지지자, 후원자와 소통한다. 바른 언어를 쓰는 것이 국회의원의 인지도 및 인기와 비례하지 않는다. 높은 구독자수를 자랑하는 인기 정치인 미디어를 보면 바른 언어보다 막말과 폭언을 쏟아내고 정적이나 다른 정당을 매몰차게 공격한다. 골수 지지자들은 '정치 팬덤'을 형성해 자신이 후원하는 국회의원 등 정치인에게 무조건적인 지지를 드러낸다. 지지하는 정치인과 싸우는 정적에는 모욕하고 공격한다. 정적의 지지자인 척 다가가 정보를 캐내는 밀정 노릇을 하는 경우도 있다. 자신이 지지하는 정치인에게 법적·도덕적 문제가 있어도 무조건 감싼다. 희생양을 찾기도 한다. 단순한 지지를 넘어 대가를 바라는 경우도 있다.

이것이 국민과 지역 구민이 용납할 수 있는 일일까? 바른 언어를 쓴다는 것이 지지자를 모으거나 선거에 도움이 되지 않는다면 어떤 정치인이 바른 언어를 쓸까?

정치인은 운이 좋아 국회의원이 된 경우도 있지만 대부분 목표가 뚜렷하다. 국회 입문 이후 재선, 3선 등 선수를 높이면서 정권을 잡고 국회와 당 및 행정부 요직을 차지하는 것이다. 하지만 그 근본은 지지자와 국민에게 밝은 미래를 제시하고 이를 달성하는 것이어야 하리라.

《초한지》를 보자. 진시황의 행차를 본 항우는 큰 소리로 "나라고 저 자리에 오르지 못하겠는가" 했고, 유방도 "사내라면 저 정도 자리까진 올라가야지" 했다. 진나라 폭정에 농민 반란을 일으킨 진승은 "왕후장상이 씨가 따로 있는가?"라고 했다. 당시 백성들은 권력을 위한 착취 대상이었을 뿐 섬길 대상이 아니었다. 백성을 위한다는 마음은 없고 오직 권력 장악과 부와 명예를 누리는 것이 목적이었다. 요즘 정치는 그때와는 다를까? 선거 때만 되면 간과 쓸개까지 내어줄 듯하다가 당선되면 언제 그랬냐는 듯이 자신의 지위를 보전하기에 바쁘다.

맹자는 성선설을 주장하면서 인간의 네 가지 마음으로 타인의 불행을 아파하는 측은지심, 부끄럽고 수치스럽게 여기는 수오지심, 타인에게 양보하는 사양지심, 선악과 시비를 판별하는 시비지심을 들었다. 그중 우리는 춥거나 비 오는 날 노숙하는 사람을 보거나 도로 근처를 혼자 다니는 어린아이를 보면 측은지심을 갖는다. 포상을 받거나 언론에 의인으로 나오기 위함이 아니다. 그들 가족이나 공동체로부터 칭찬을 받으려는 것도 아니다. 인간이기에 갖는 감정이다.

《삼국지연의》를 보자. 유비는 조조의 군대에 쫓기고 있었다. 그런데도 유비를 따라나서는 백성들로 인해 행군 속도가 늦어졌다. 조조의 군대에 따라잡힐 위험에 처하자 누군가 백성을 버리고 신속히 행군할 것을 건의했다. 유비는 자신의 목숨조차 담보할 수 없는 상황에서 "세상을 구하는 일은 무릇 백성을 근본으로 삼아야 하는데, 우리를 따르는 백성을 어찌 버리고 떠날 수 있겠느냐"라며 거절했다. 이 책을 쓴 나관중이 역사를 왜곡하면서까지 유비를 높게 평가하고 추앙한 이유가 여기에 있다.

경제가 어렵고 살림살이는 갈수록 빡빡하다. 많은 사람이 이런저런 갈등과 분쟁에 고통받고 있다. 우리 국회의원 등 정치인들도 지역 구민과 국민의 처지를 생각하고 안쓰럽게 생각하는 그런 마음을 먼저 가져야 하지 않을까. 그러려면 정치인을 악용하는 지지자, 후원자와 거리를 두어야 한다. 그것이 국민의 가슴에 오래 남을 정치인의 DNA다. 행동은 그다음이다. 바른 언어를 쓰고 마음을 바르게 쓰는 정치인이 많아질 때 대한민국은 한 단계 성숙한다. 선거철마다 그런 정치인을 많이 나오기를 또 헛되이 기대해본다.

# 입법과 경영
## 사이에서

국회는 국정 전반을 감사한다. 서류 제출뿐만 아니라 증인 출석과 증언을 요구한다. 증인을 서는 기업은 국정 담당자가 아님에도 망신을 당하고 곤욕을 치른다. 플랫폼, 데이터, AI 등 디지털 기업도 마찬가지다.

국회 권력은 갈수록 커지고 있다. 행정부를 대표하는 대통령은 5년 단임이다. 같은 정당에서 후임 대통령이 나와도 정책이 바뀌기 쉽다. 반면에 우리나라 국회는 사실상 2개 정당이 오랜 세월 주도권을 행사하고 있어서 영향력이 클 수밖에 없다. 국회의원은 국민 관심 사항 입법에 적극적이다. 민주주의 발전으로 법치 행정이 중요하다. 정부가 정책을 추진하고 예산을 확보하려면 법률이 국회를 통과해야 한다. 국회 눈치를 보지 않을 수 없다. 공무원이 정책 현장보다 국회에서 많은 시간을 보내는 이유다.

국회는 국민을 대표하는 선출직 의원으로 이루어진다. 국민의 관심 사항이나 지역구 민원에 집중한다. 야당은 정부와 집권당의 잘못을 조목조목 지적한다. 이런 것이 국정감사 질의와 증인 소환으로 표출된다. 가을이 되면 국회 상임위원회별로 증인 초안이 나오고 기업 대주주, 대표 등 핵심 임원이 증인 명단에 오른다. 해당 기업은 국회 보좌진을 만나 이런저런 핑계를 들며 증인에서 빼달라고 읍소하고 해외 출장을 잡아보지만 소용없다. 증인으로 출석해도 답변 기회가 없거나 짧게 답하고 걸음을 돌리는 경우가 많다. 기업을 국정감사 증인으로 부르는 것은 국정 잘못이 기업 책임이기 때문일까?

권력은 대의제와 관계없이 소수 인력이 행사할 수밖에 없다. 국가는 외적과 가난에서 국민을 지킨다. 필요한 인적, 물적 자원은 납세, 국방 등 의무를 국민에 부과해 충당한다. 국가가 발전하며 국민 역량과 요구는 커지고 국가 의무 이행은 한계에 부딪힌다. 이에 기업을 장려해 산업, 시장에서 수익 활동을 크게 할 수 있게 한다. 다만 정부정책과 사업 지원·사회봉사·직원복지 등 국가와 사회, 근로자를 위한 기여, 상법·근로기준법·공정거래법·중대재해처벌법 등 의무와 책임을 부담하게 한다. 그러니 국정감사에서 기업에 물을 것이 많다.

증언을 잘하면 기업가치를 키우는 기회가 되지만 그것은 국회가 원하는 바가 아니다. 기업의 법률, 경영 위험을 높이고 브랜드, 평판을 훼손하기 쉽다. 그래서 기업은 방어에 중점을 둘 수밖에 없다. 옷차림과 화법까지 준비하고 연습해야 하며, 간결하게 답하고, 논쟁해서는 안 된다. 부도덕하거나 범죄기업으로 낙인찍히면 큰일이다. 기업의 존재가치를 지켜야 하며, 증인으로 출석한 기업의 핵심 리더십이 흔들려서도 안 된다.

그러려면 국정감사에 대한 태도를 달리해야 한다. 언론과 국민의 목소리 중에 국회 또는 국회의원을 조롱하거나 비난하는 경우가 있다. 증인은 그런 마음을 가져서는 안 된다. 마음은 무의식중에 말과 태도로 드러난다. 국민대표인 국회와 국회의원을 존중하는 마음을 가져야 한다. 그래야 실수가 없고 기업을 살린다.

# 다시 선거철이
# 오면

당나라 시인 주경여가 지은 〈장수부에게 바친다〉라는 시를 보자.

신혼 밤을 지새우고 붉은 등불 끄지더니
새벽을 보낸 뒤에 시부모님을 기다리네
화장을 끝내고 신랑에게 살짝 묻기를
그린 눈썹이 어떨까요, 예쁘게 보실까요

제목에 나오는 '장수부' 는 주경여의 재주를 알아본 유명한 시인이
자 벼슬아치 '장적' 이다. 주경여는 왜 이런 시를 지어 장적에게 주
었을까? 신혼 첫날 화촉동방을 밝힌 새색시의 애틋한 마음과 시부모
님에게 잘 보이고 싶은 마음을 담은 시일까? 전혀 그렇지 않다. 과거
시험을 앞둔 주경여가 자신이 공부한 실력이면 합격할 정도인지 먼
저 벼슬길에 나선 장적에게 시를 빌려 묻고 있다. 주경여는 우여곡

절 끝에 시험에 합격했지만 관료로서 성공하지는 못했다. 시는 아름답고 재치가 있지만 시가 그의 관료로서의 능력을 담보해주지는 않았다.

선거철을 앞두고 같은 당에서도 뜻을 달리하거나 욕심이 다른 사람들이 떨어져 나와 따로 살림을 차린다. 남의 집으로 거리낌없이 거처를 옮기는 이들도 드물지 않다. 예비 후보 등록을 마친 이들은 매서운 날씨에도 아랑곳없이 새벽부터 거리에 나와 '눈썹을 예쁘게 그린 신부'처럼 시민들과 눈을 맞추려 애쓴다.

어떤 사람을 뽑아야 할까? 항상 고민이고, 고민이 깊다 못해 투표를 포기할까도 싶다. 하지만 그래서는 안 된다. 나라가 어렵고 그전에 내 삶이 더 힘들고 빡빡하다면 반드시 좋은 사람을 뽑아야 한다.

내가 지지하는 정당에서 정해준 후보라고 고민 없이 찍어서는 안 된다. 어떤 생각을 품고 있는지, 그 생각을 정책으로 어떻게 펼치려 하는지 살피고 냉정하게 평가해야 한다. 내가 사랑하는 아들과 이미 '화촉동방을 밝힌 신부'라고 해도 앞으로 어떤 생각으로 어떻게 살아갈 요량인지 눈을 부릅뜨고 지켜봐야 한다. 투표용지를 투표함에 넣기까지 고민을 거듭해야 한다.

아울러 '눈썹을 그리지 않았던 때의 모습'을 찾아 읽어내야 한다. 선거철에는 국민과 지역 구민에게 좋은 말만 하기 마련이므로 가식적인 모습에 속아서는 안 된다. 지금은 디지털 시대다. 인터넷을 들여다보면 그가 했던 말과 행동이 모두 나온다. 그중에는 억울한 모

함도 있고 거짓 선행도 있다. 냉정하게 분석하고 평가해야 한다.

간판에 적힌 학력이나 경력과 배경, 경험, 인맥에 의존하는 사람을 걸러내야 한다. 주경여는 시인으로 유명한 장적을 이용했다. 장적은 주경여의 시가 재미있고 재치가 있다며 주위 관료들에게 소개했을 것이다. 주경여의 과거 합격에 어떤 영향을 미쳤을지 모른다. 최근 수십 년의 정치와 경제 상황을 보자. 화려한 학력, 경력, 인맥을 가진 여야의 그 우수한 이들이 이루어놓은 것이 무엇인가? 황당해도 새로운 아이디어와 실행력을 가진 사람에게 주목해야 한다.

언론의 이런저런 이야기를 곧이곧대로 믿어서도 안 된다. 언론은 공적 역할을 한다지만 주식회사다. 기본적으로 영리적인 목적을 가진 법인이다. 온라인 동영상 매체에서 쏟아내는 극단적인 정치 성향의 목소리도 조심해서 들어야 한다. 알고리즘이 그런 동영상만 추천하면 내가 편향된 것은 아닌지 돌아봐야 한다. 항상 균형감각을 갖고 듣고 고민해야 한다.

한편, 내가 지지하는 정당이 하나일 필요도 없다. 정책에 따라 다른 정당을 지지할 수 있다. 어떤 선거에서는 여당 후보를 뽑을 수 있고 다른 선거에서는 야당 후보를 뽑을 수 있다. 특정 정당에 매몰되던 시대는 지났다.

내가 개인적인 이익이나 사욕을 위해 당선되어서는 안 될 후보를 지지하거나 그를 위해 가짜뉴스를 퍼 나르는 것은 아닌지 주의해야 한다. 선거의 목적은 대한민국이라는 공동체를 위한 것임을 잊지 말자. 최근 외국의 한 마라톤 경기에서 1위로 달리는 선수가 결승선을 지난 것으로 잘못 알고 속도를 늦추었다. 그 뒤를 따르던 2위 선수가 그것을 보더니 1위 선수의 뒤를 밀어 자신보다 먼저 결승선을 통과하게 했다. 스포츠 정신을 지키며 정정당당하게 경쟁하는 것이 마라톤이라는 것을 보여주었다. 선거도 그렇다. 나의 이익보다 선거의 목적을 생각해야 한다.

마지막으로, 대한민국의 미래가 일관되게 요구하는 사항이 있으면 무리해서라도 그것을 밀어야 한다. 과학철학자 토머스 쿤은 한 시대의 과학기술 패러다임이 바뀌는 것은 기존 과학기술을 지지하는 과학자들이 사라지고 새로운 사람들이 다수가 되어야 가능하다고 했다. 결코 과학기술적 발견 그 자체로 패러다임의 전환이 일어나지 않는다. 수천 년을 지탱해온 천동설은 그 당시 천문학의 주류 핵심 이론이었지만 지금은 아니다. 빛이 입자라는 견해는 빛이 입자이면서 파동이라는 이론으로 대체되었다. 1600년대 후반 아이작 뉴턴의 만유인력으로 대표되는 고전역학은 1800년대 후반 아인슈타인의 상대성이론이 나오기까지 과학계를 지배했다. 1900년대 초반 닐스 보어로부터 출발한 양자역학의 최대 도전은 아인슈타인의 반대였다. 결국 과학계도 옛 학자들이 죽어 세대교체가 이루어지면서 새로운 이론이 옛 이론을 제치고 주류가 될 수 있었다.

정치판도 마찬가지다. 옛 질서와 가치에 매몰된 노회한 정치인들이 떠나야 새로운 정치 가치와 이론이 자리를 잡을 수 있다. 세대교체가 필요하다면 과감하게 바꿔야 한다. 그렇다고 노회한 정치인더러 완전히 손을 놓고 뒷방 노인이 되라는 것은 아니다. 젊은 세대도 잘못된 판단을 할 수 있다. 신진 세력의 정치에 비판과 견제의 끈을 놓아서는 안 된다. 아인슈타인의 끊임없는 의문 제기와 비판이 있었기에 닐스 보어 등이 연구의 끈을 놓지 않았고, 오늘날 양자역학이 주류로 단단하게 자리를 잡을 수 있었음을 기억해야 한다.

우리는 우리 손으로 후보를 뽑아놓고 아무렇지 않은 양 국회의원들을 폄하하고 비난한다. 그들을 상대로 건전한 비판을 할 수는 있다. 그들을 맹목적으로 비난하는 것은 그들을 뽑은 우리 자신에게 침을 뱉는 것과 다르지 않다. 우리가 냉철하게 그들의 인품과 정책을 분석하고 평가하면 그들도 우리를 무시하지 못한다. 선거철만 속이고 넘어가면 되는 사람들로 우리를 깔볼 수 없다. 그것만이 대한민국 정치는 물론 우리 자신과 미래를 지키고 살리는 길이다. 그것만이 '일부러 그린 눈썹'이 아니라 마음속에 따뜻함과 실력을 보고 며느리를 뽑는 길이다. 그것이 디지털 시대의 진정한 자세다.

우리는 잘살고 있는가?

AI가 만드는 디지털 세상, 무엇을 챙기고 버려야 하는가!

**인격적으로 점잖은 무게 '드레'**

드레북스는 가치를 존중하고 책의 품격을 생각합니다